追寻罗马缔造者的足迹

〔法〕菲利普·卡斯德勇　著

〔法〕樊尚·德斯普兰什　绘

杨晓燕　译

人民文学出版社
PEOPLE'S LITERATURE PUBLISHING HOUSE

目　录

特洛伊大溃败

近十年来，特洛伊城一直被令人闻风丧胆的阿哈伊亚人的军队所**包围**，他们的军营就驻扎在城门口。在这么多年漫长、激烈的战斗中，双方都认为自己能够战胜对方，取得最终的胜利。但事实并非如此，特洛伊和**阿哈伊亚**的勇士们英勇交战，最后却都白白牺牲了。此时，阿哈伊亚人只能期望采取阴谋来攻占特洛伊城了，它的城墙是海神**尼普顿**建造的，素来以坚不可摧而著称。

多谋善断的**尤利西斯**命令人们制作了一匹巨大的木马，并给木马安装了轮子。在此期间，阿哈伊亚军队发动了攻城，尤利西斯召见了他的表兄并且向他透露了自己的计划：

“命令士兵们藏在木马的肚子里，夜幕降临的时候，让士兵们打开城门。但是首先要想办法让特洛伊人把这匹木马拉进城里。你佯装被敌人捉住，然后设法让他们以为你要伺机向我们报复。

包围：围住一个地方进行猛攻。

阿哈伊亚：在特洛伊战争时代对希腊的称呼。

尼普顿：古罗马神话中的海神。

尤利西斯：特洛伊战争中的阿哈伊亚英雄。荷马史诗奥德赛讲述了他十余年之后的回归。

“此时你要佯装向他们透露，如果他们把这匹木马拉进城内，那么其他阿哈伊亚人将不得不放弃进攻。”

这天夜里，特洛伊人埃涅阿斯正在家中酣睡，他在梦里见到了一个已经去世的朋友——赫克托耳。

“赫克托耳，你从哪里来？”埃涅阿斯问道，“你从冥府逃出来了吗？为什么你的脸上泪水涟涟？”

“特洛伊，我们祖先的城市就快要灭亡了，阿哈伊亚的士兵已经潜伏进了城里，你一定要做好准备。快逃，埃涅阿斯，和你的亲友们快逃吧！”

听了这些话，埃涅阿斯从他的床上跳起来，随手抓起武器并召集他的战友们一起冲向城堡。古老的城市早已被

熊熊大火吞没，敌军侵占了道路，但是国王的皇宫仍然在顽强地抵抗进攻。在路上，他们遭遇了阿哈伊亚人：

“快跑吧，你们这些懒鬼，其他人早就已经跑远了。”其中一个阿哈伊亚人以教训他们的语气说道。

埃涅阿斯和他的战友们立即从剑鞘中抽出短剑，冲向那些阿哈伊亚人。让人出乎意料的是，这些人无力招架如此强烈的愤怒。很快，埃涅阿斯的战友们就占了上风，并且把对手打得落花流水。于是他们夺取了敌人的武器并且穿上了他们的盔甲，以便能够尽快赶到皇宫而不被其他人认出来。

几乎整个阿哈伊亚军队都被集结到城堡脚下。沉重的皇宫大门艰难地抵御着**羊角撞锤**一次又一次的猛烈撞击。涅俄普托勒摩斯，阿哈伊亚英雄阿基里斯的儿子，英勇地向着大门进攻，这是最后一道拦在他与特洛伊国王普里阿摩斯之间的障碍。防御者们从城头往阿哈伊亚士兵身上不断地扔下大石块。

就在此时，埃涅阿斯和战友们从一条秘密通道成功地进入皇宫，这条密道以前是皇宫贵族才能走的。可惜当他们进入的时候，已经太迟了：普里阿摩斯国王已经死了。他躺在涅俄普托勒摩斯的脚边，涅俄普托勒摩斯发出嘲弄的笑声。对于特洛伊人来说，似乎一切都化为了灰烬。巨大的恐惧向埃涅阿斯袭来。他的亲人们会怎么样？他的老父亲安喀塞斯会不会也遭受和可敬的普里阿摩斯国王一样的命运？他的儿子，小阿斯卡尼斯，和他的妻子克鲁萨，他们会不会被阿哈伊亚人抓走带回去当奴隶？

埃涅阿斯迅速逃离了这个连空气里都弥漫着死亡味道的地方，向那些对他来说尤为珍贵的人一路狂奔而去。突然，他觉得看到了那个女人也是这些不幸的开端、特洛伊战争的根源——美女**海伦**。

羊角撞锤：一种大梁，一端用巨大的铁块铸造成羊头的形状，通常用来撞开大门或者粉碎墙面。

海伦：宙斯和勒达的女儿。海伦是那个时候最美丽的人。她嫁给了墨涅拉奥斯，斯巴达国王。特洛伊王子帕里斯将其拐走直接导致了特洛伊战争的爆发，《荷马史诗·伊利亚特》讲述了这一段故事。

他愤怒地攥紧了手里的短剑，朝这片白色的阴影走去。这时一个充满了温柔的声音对他说：

“我的孩子，这样你认为能惩罚得了谁？其实并不是阿哈伊亚人摧毁了特洛伊城，他们只不过是众神玩弄于股掌间的棋子而已：**朱诺**早已发誓要将特洛伊城毁灭。直到现在，我都在保护你的家人，让他们免受在城里横行的敌军的伤害。赶紧去和他们团聚吧！尽快离开这座已经面目全非的城市。”

朱诺：朱庇特的妻子。

话音落下之后，维纳斯女神就消失在茫茫的雾霭之中。一团大雾笼罩着埃涅阿斯，别人都看不到他了。

得到了母亲的庇护之后，他奔跑了很长一段路并且

毫无阻碍地回到了父亲的家里。他的老父亲就在门槛上站着，盼着儿子归来。

“我们必须逃走，父亲！”埃涅阿斯咆哮着说，“到处都是阿哈伊亚人，他们抢劫了我们的家园，烧毁了我们的城市。我们一起逃到山上去。我们到那里去建造一艘新的船，然后离开这个饱受苦难的地方。”

说完这些话，埃涅阿斯抱起了他的儿子，克鲁萨挽住了老安喀塞斯的手臂。

“我不能走，”安喀塞斯说，“我在这个屋子里生活了很多年，我的生命就快走到尽头了。

“你们还年轻，你们快逃吧。我只想死在自己家里，

不想死在逃亡的路上。”

“你认为我们会丢下你不管吗？我的父亲，现在连众神都反对特洛伊。如果不离开这座城市，我们就会成为阿哈伊亚人的奴隶或者全都死在这里。”

突然，小阿斯卡尼斯的头发在家人万分惊恐的注视下燃烧起来。埃涅阿斯往孩子头上浇了一盆清水才结束了这件**奇事**。就在此时，雷声隆隆地滚过天空，一颗流星为他们指明了逃跑的方向。安喀塞斯最终服从了预示他孙子光荣使命的**朱庇特**的意愿：与他们一起离开。埃涅阿斯把他背在肩上，要知道老人每走一步都困难重重，他同时牵住了小阿斯卡尼斯的右手。克鲁萨紧跟在他们后面。在夜晚的一片漆黑当中，他们一步步地前进，阵阵恐惧朝他们袭来。阿哈伊亚士兵可能出其不意地出现，把他们逮住。每一声轻微的响动都会吓他们一大跳。最后他们成功地穿过了城市，向着位于城外**克瑞斯**神庙附近的古老圣柏逃去。在那里，他们应该能够遇到其他像他们一样逃出来的特洛伊人。现在城门已经被击中，他们认为应该已经脱离了危险。突然，转身的安喀塞斯大声喊道：

奇事：让人匪夷所思的事情，通常都认为与神有关。

朱庇特：古罗马神话中的众神之王，雷神和风暴之神。

克瑞斯：古罗马神话中的谷物神。

“阿哈伊亚人的盾牌上反射着熊熊烈焰的光芒。我们快跑吧，我的孩子，快跑。他们就要追上我们了。”

话音刚落，埃涅阿斯就开始迅速奔跑起来。他离开了大路直接向灌木丛跑去。跑了很长一段路之后，他终于看到了圣柏树。安喀塞斯和小阿斯卡尼斯和他在一起。渐渐地，他的同胞们赶来和他们会合了。埃涅阿斯一直在等他的妻子克鲁萨，可谁也没有看见她。几个小时之后，他决定前去找她。他按照原路返回，一边走一边找，不放过任何蛛丝马迹。

几个小时过去了，他徘徊在已经被大火夷为平地、被阿哈伊亚人洗劫一空的特洛伊城里。突然，一团模糊的黑影出现在他面前，那是克鲁萨的**鬼魂**。她对他说道：

鬼魂：死去的人的灵魂，拥有人的形状。

“天神们已经决定将我召回冥界，在你未来漫长的旅程中，我不能再追随你了，大海才是你的天地。照顾好我们的孩子，永别了！”

埃涅阿斯拼命地想要抓住她，但是鬼魂消失得无影无踪，只留下孤独的他，带着无尽的痛苦，游荡在火海般的城市里。

悲痛欲绝的埃涅阿斯在圣柏树附近找到了他的同胞

们。在他离开的这段时间里，他们的人数增加了不少。作为他们的首领，埃涅阿斯决定带领他们前往附近的伊达山。他和同胞们能藏在神山的森林里，还能找到必要的木材来造一艘助他们逃离这里的大船。大家迈着沉重缓慢的步伐向山上走去。在他们身后，特洛伊城的大火把黑夜照得通明。

克瑞斯女神，谷物神。

地中海地区是众多古代文明的摇篮。从公元前十三或十二世纪特洛伊的灭亡到公元前509年被驱逐的罗马末代国王时期，该地区的各个文明异常繁荣，而且也正是它们之间的交往和联系促进了罗马城的形成。

伊特鲁里亚人（Les Etrusques）
从公元前九世纪开始，伊特鲁里亚文明开始在意大利中部发展起来。除了英勇善战的战士，伊特鲁里亚人中还不乏心灵手巧的手工业者和积极活跃的商人。在整个公元前六世纪期间，他们进行了一系列的海上扩张并且占领了从罗马到意大利北部（波河平原）的广阔领土。

伊特鲁里亚一石棺局部

凯尔特人：（Les Certes）
根据考古资料，由凯尔特人遗留下来的最早遗迹可以追溯到公元前2000年前。这个民族逐渐占据了从西班牙延伸到欧洲中部的广大地区。从公元前七世纪开始，凯尔特人开始与伊特鲁里亚人和腓尼基人建立联系，并且在公元前五世纪的时候定居意大利北部。

“在你未来漫长的旅程中，我不能再追随你了，大海才是你的天地。去吧，埃涅阿斯！”

腓尼基人（Les Pheniciens）
来自近东的商人和航海家。为了更好地与其他民族进行贸易，腓尼基人在非洲北部和西西里建立了众多的商行。由传奇的黛朵女王于公元前814年建立的迦太基城很快成为地中海最繁荣的城市之一。

玻璃料项链配饰，迦太基艺术

古希腊人（Les Grecs）

公元前七世纪，在希腊出现了众多的城邦。这些城邦是由一个城市和周围的乡村构成的独立小国家。与此同时，一次大规模的殖民活动也即将开始。希腊人在小亚细亚、克里米亚还有他们建立城市的意大利南部定居下来。

雅典古卫城

黑海

特洛伊城

伊奥尼亚

雅典

希腊

克里特岛

地中海

古埃及人（Les Egyptiens）

埃及是“尼罗河的赠礼”。这条河流带来了国家的繁荣富强，从公元前4000年开始，一个璀璨伟大的文明就在这里繁衍不息。被认为是“半神”的法老们命令工匠为其建造了宏伟壮观的金字塔，作为他们死后的坟墓。

斯芬克斯像和奇阿普斯法老金字塔

腓尼基

西顿

推罗

逐岛漂流

特洛伊变成一片灰烬。在已经被摧毁的城市附近海面，一叶叶扁舟漂向未知的海面，波涛把战斗中的幸存者运送到他们的船舷旁边。夜幕降临在海面上，无数个问题盘旋在埃涅阿斯的脑海里。这些**悲惨**的同胞最终将何去何从呢？

“去听听天神们的建议吧，看看特洛伊人应当在哪里建立一个新的城市。”安喀塞斯向他建议道。

第二天，埃涅阿斯命令他的手下向着提洛岛的方向前进，阿波罗**神庙**就在那里。顺风航行了几天之后，这些特洛伊人在海岛旁边靠岸了。到达之后，埃涅阿斯去拜访了安喀塞斯的老朋友，阿波罗的祭司——艾尼奥斯国王。

“我们都已经是亡国奴了。我们迫切地想知道**阿波罗**的旨意。我们应该到哪里去寻找一个安身立命之所？”

说完这些话，还没等艾尼奥斯回答，

悲惨：不幸，不走运。

神庙：用于供奉神灵的庙宇。

阿波罗：太阳神，司掌文学、艺术之神。他同样在亡灵的飘忽过程中给予他们指引。

大地就开始颤抖。这是阿波罗打算帮助他们的信号。不知从哪里传来一个声音：

“你们从哪里来，就该去向哪里。埃涅阿斯的后代们会在那里执掌一方的。”

安喀塞斯回头对他的儿子说道：

克里特岛：地中海沿岸的希腊岛屿，位于伯罗奔尼撒半岛南部。

“我们的祖先从**克里特岛**来，所以我们应当回到这个岛上去。”

特洛伊人用一头公牛向阿波罗和涅普顿献祭之后，又开始了海上的航行，一路漂流来到了克里特岛。在一片人烟荒芜的地方，他们时刻牢记阿波罗的嘱咐，建立起一座新城，搭建城墙，修建房屋。但是，在几个星期之后，一场神秘的灾祸再一次侵袭了埃涅阿斯的同胞们，土地变得非常贫瘠，树木不结果实。忧心忡忡的埃涅阿斯对他的父亲说：

“父亲，现在我们该怎么办？我们是应该远离这里还是继续留下？”

“我们一起回到提洛岛去，再次请求阿波罗的帮助。”

第二天夜里，埃涅阿斯在梦中睡得很不安稳。突然他的祖先们的圣像出现在他的梦境中。

“埃涅阿斯，阿波罗并没有命令你安顿在克里特岛

上。我们的家族来自更遥远的地方，来自那个被阿哈伊亚人称为意大利的国度。去吧，埃涅阿斯，去开拓新的海岸，那里有你未来的荣光。”

醒来之后，埃涅阿斯召集了他的同胞们并向他们讲述了他的梦。

于是他们决定向西边进发，前往意大利。船只出海了。没过多久，陆地就从他们眼前消失了。眨眼间，狂风大作，

乌云密布，天昏地暗。可怕的暴风雨在大海上整整肆虐了三天。第四天黎明时分，天边出现了一片海岸。饥肠辘辘的特洛伊人迫不及待地冲上前去，捕杀了几头在海滩上吃草的野兽。突然，就在他们美餐的地方，埃涅阿斯和他的同胞们被一群飞翔的怪物袭击，她们长着飞禽的身躯，却拥有女人的脸庞。这是**哈尔比亚**。其中的塞莱诺飞到他们面前。

哈尔比亚：有翅膀的怪物，脸似女人，身体如猛禽。

“特洛伊的小子们，”她以一种低沉而令人不安的声音咆哮道，“你们想要把战争带到我们的国家，并且

把我们从祖祖辈辈生存的地方赶出去吗？阿波罗已经跟你们说得很清楚了，你们应该去意大利完成你们的天命！你们吃完就该知道在哪里建立你们自己的城邦！不过，你们可听好了：在这里你们只会遭受更大的痛苦和饥荒，而且你们将会因为杀死了我们的野兽而追悔莫及！”

惊慌失措的特洛伊人，又一次重新起航。海风将他们吹向一个小岛，他们在那里下了船去寻找新的补给。一个男人走上前来与他们攀谈，这是一个阿哈伊亚人。

“特洛伊人，我是尤利西斯的同伴：阿凯梅尼德斯。你们现在在独眼巨人波吕斐摩斯的小岛上。他是尼普顿的儿子，靠吃人肉为生。我有很多同伴都被关在他的洞穴里成了他的美餐。尤利西斯挖出了他唯一的一只眼睛，但是他的上百个兄弟还生活在这个岛上。”

阿凯梅尼德斯说完这些话的同时，他们听到了一声闷响。

“是波吕斐摩斯！”阿凯梅尼德斯抓住埃涅阿斯的手臂，“快，快逃！”

所有人都冲上船，拼命划桨。但是听到了划桨声的独眼巨人知道有不速之客闯进了他的领地。他拄着一根粗大的树干作拐杖，努力想要抓住其中一艘船。但是这些特洛伊人早已经逃远了。精明的阿凯梅尼德斯给他们指明了道路。

这个时候，一个新的不幸沉重地打击了埃涅阿斯：在经历了这么多波折之后，精疲力竭的安喀塞斯咽下了他的最后一口气。此时，埃涅阿斯备感孤独。无论是阿波罗还是塞莱诺，没有人向他预言过他父亲的离世。没有了圣贤的安喀塞斯的宝贵意见，他怎样才能带领他的

人民抵达意大利？

在这场漫长的海上探险旅程中，另一个危险向特洛伊船队袭来：曾诅咒特洛伊城毁灭的朱诺发现了城里有幸存者。他们不可能再建立一座新城了吧？盛怒之下，她要求**埃俄罗斯**在海上掀起狂风巨浪。

埃俄罗斯：风神。

埃涅阿斯绝望至极。他们的船队被冲散了，其他的船只也没了踪影。怎样才能找到他们？海神尼普顿想起了埃涅阿斯曾经献祭，于是平息了风浪。一块新的陆地出现在海平面上。这是非洲大陆。埃涅阿斯决定和他的其中一个同伴一起来开垦这块土地。他们上了岸，穿越了海岸之后来到了森林。在一条小路路口，他们遇到了一位年轻的女猎人。

“你一定是戴安娜。”埃涅阿斯对她说。

“不——”维纳斯回答道，为了不让她的儿子认出她来，她改变了容貌，“我只不过是一个凡人。你们往南边去吧，现在你们已经在黛朵女王统治的**迦太基城**附近了。出于**地主之谊**，她是不会拒绝你们的。”

迦太基城： 北非城市，传说是由腓尼基女王黛朵建立的。

地主之谊： 在家中款待陌生人，这是一种神圣的职责。

“我们已经经历了如此之多的不幸。我们的城市特洛伊已经被摧毁，我在狂风骤雨中失去了同伴。”

“你的同伴都安然无恙，在离这里不远的迦太基城你就能和他们重逢。”维纳斯告诉他。

当她在一阵薄雾中渐渐消失的时候，埃涅阿斯认出了他的母亲。两个伙伴被一层神秘的薄雾笼罩着，当埃涅阿斯从特洛伊城逃出来的时候，也是这样的大雾保护着他，他们启程前往迦太基城，并且平安抵达了那里。他们一进城就潜进了女王居住的一座寺庙，所有在风暴当中失散的特洛伊人都集合在这里。黛朵女王同意向他们提供保护：

“英勇的特洛伊勇士们，我深深理解你们的苦难，只要你们愿意，你们可以放心留在我这里。在这里，你们是安全的。”

于是，特洛伊人向女王喝彩欢呼。埃涅阿斯和他的伙伴也向前走，一直保护他们的薄雾渐渐消失了。所有人都看到了他们。

“快看！是埃涅阿斯！”其中一个特洛伊人突然喊出声来。

黛朵女王于是邀请勇敢的埃涅阿斯参加晚上盛大的宴会。

但是朱诺又想出一个新的诡计来阻止埃涅阿斯前往意大利：她迅速派遣**丘比特**向黛朵女王射出了一支爱情之箭。因此，在用餐期间，女王的目光再也没有离开过埃涅阿斯。

丘比特：罗马神话中的爱神。

时光逐渐流逝，她的感情与日俱增。再也无法苦守这份暗恋的黛朵女王向她的妹妹倾吐了心声：

“自从那些特洛伊人到来之后，我就备受煎熬。我的心被点燃了，而且再也无法停止对埃涅阿斯的思念。

这个陌生人在我身上燃起了一种折磨人的激情。你觉得我能与他分享这份爱吗？”

“但愿神祇能让你如愿得到这个男人的爱情！”妹妹回答道。

此时埃涅阿斯和他的同伴们在黛朵女王的宫廷里过着幸福快乐的生活。有一天，在一次围猎的过程中，天突然黑了，并且下起了冰雹。这正是朱诺的杰作。猎人们走散了，埃涅阿斯和黛朵走进一个山洞里躲避冰雹。于是，他们成为了情人并且许下了山盟海誓。

然而一向觊觎黛朵女王美色的**努米底亚**国王雅尔巴斯知道了这件事情，他妒火中烧，于是向朱庇特抱怨。众神之王大发雷霆：“埃涅阿斯忘记了他的使命！他忘记了自己得去意大利建立一座新城！”朱庇特命令埃涅阿斯立即离开迦太基城和他心爱的女人，重新起航去完成他的使命。黛朵试图挽留他的爱人，却徒劳无功。她伤心地哭泣，用尽千方百计试图说服埃涅阿斯留在她身旁，但是于事无补，埃涅阿斯必须要走。

努米底亚：北非的游牧民族。

第二天，痛苦不堪的黛朵没有出席特洛伊人的道别仪式。这个迦太基女王命令人准备了一个巨大的柴堆来烧毁那些能让她回忆起埃涅阿斯的所有物件。悲痛欲绝的她在最后一刻像发了疯一样奔跑着追赶他们的船队。

地中海：对于古代人来说，这里是一片封闭的空间，是已知世界的中心。这里还是一个令人望而生畏的地方，暴风雨威胁着船只，各种各样的活动隐藏在大海深处。海洋，意味着危险，但对于沿岸居民来说也是物产丰饶之地。

地中海海岸

“船只出海了。没过多久，陆地就从他们眼前消失了。眨眼间，狂风大作，乌云密布，天昏地暗。”

黄金战车上的涅普顿

尼普顿，海神

作为众神之王朱庇特的哥哥，尼普顿统治所有海洋。驾着黄金战车，手持三叉戟，他能够掀起滔天巨浪，狂风暴雨。水手们向他献祭以期得到他的眷顾。

岬角

陡峭险峻的地形，雪白的颜色，松树和橄榄树植被，岬角和那些岛屿一起成为了地中海地区的特殊景致。它们经常被航海者用于辨识方向，或者是用于供奉天神。

渔业

古人撒网捕鱼或者驾驶小船出海钓鱼。鱼类构成了基础食物之一，因为城市一般不会远离海岸。渔业（尤其是金枪鱼的捕捞）能够让某些城市富裕起来。

双耳尖底瓮

地中海地区的海上贸易历史悠久。被称为“双耳尖底瓮”的容器通常用于运送液体商品，例如葡萄酒或者橄榄油。与陆上商路相比较而言，海路能够运输更多的商品。

海盗：几乎是和海上贸易的历史一样悠久。另外，一个商人也有可能因为机缘巧合而成为海盗。某些从商的民族比如腓尼基人或者伊特鲁里亚人也能成为令人谈虎色变的海盗。

堕入地狱

在离库麦海岸不远处，一个遍地都是地道的山洞里，住着女祭司**西比拉**，她的眼神非常可怕。阿波罗正是借助她的金口向人们预示未来，虔诚的埃涅阿斯也正是向她航行而来。他独自一人偷偷潜入了女祭司的洞穴，突然，她的声音喝住了他：

西比拉：从众神灵那里获得启示、预测未来的女祭司，最为有名的居住在库麦海岸，意大利南部。

“你要干什么，凡人？阿波罗已经听到你来了！”

“先知，”他说，“请帮我问问你的天神，我们应该在意大利的什么地方建立起我们的新城市？”

话音刚落，女祭司的脸就突然扭曲了。她的轮廓完全没了人形。阿波罗上了西比拉的身。

阿波罗用一种深沉厚重的声音回答道：

“特洛伊人将在拉维尼乌姆安顿下来，但是我已经看到残酷激烈的战争在等待着你们。

“去吧，不要害怕，埃涅阿斯，你的勇敢将是你最可靠的盟友。”

神的一番话语让埃涅阿斯信心倍增，与此同时西比拉也在逐渐恢复人形。过了好一阵之后，埃涅阿斯向她提出一个新的请求：

“尊敬的阿波罗祭司，古人说地狱之门近在咫尺。我得到冥府去，我父亲在那里等我。我请求你，允许我再看看他的脸庞。”

“在**哈迪斯**的王国里，他感到自在安逸，”西比拉回答他，“但是只有很少的凡人能够从那里回来。如果众天神允许的话，念在你是维纳斯之子，我将带你到那里去，然后你跟随着我的步伐重归生界。”

他们在走了很久、很久之后，终于到了一条宽阔、泥泞的大河旁边，这是悲怆之河**阿谢隆河**，河流阻挡了他们继续前进的步伐。许多不幸的人游荡在河边。

“这些人是谁？”埃涅阿斯问。

“他们是没有**葬身之处**的死者，”阿波罗的祭司回答他，“他们被判继续留在这里。一百年之后，他们才能穿越阿谢隆河。”

在对面河岸上，站着一个不太招人

哈迪斯：希腊神话中的冥府之神，罗马人称其为普鲁托。

阿谢隆河：地狱里的冥河。

葬身之处：用于安葬逝者的地方。

喜欢的人。一件又脏又破的衣服耷拉在他的肩膀上，他的目光空洞而没有生气。这是卡隆，冥界船夫，他负责为死去的人摆渡。他用手中的撑杆把船划到河对岸去。

“嘿，陌生人，我不能摆渡活人，”他对他们说，“只有死去的人才能上我的船。河的对岸就是地狱。”

于是西比拉从她的衣袖里抽出一根金条来。卡隆见状就不说话了，让他们俩上了船。

一只长着三个头的看门犬赛贝尔一看见他们就开始恶狠狠地狂吠，它用力地撕扯着铁链，一些蛇高昂着头挺立在它的脖子周围。西比拉扔了一块涂抹着**催眠**药的蜂蜜蛋糕给它。这只饿坏了的恶魔扑了上去并开始狼吞虎咽，不一会儿它就睡着了。此时埃涅阿斯和西比拉终于能够跨过冥府的门槛。

催眠：使人产生睡意。

各种哀怨的叹息声从四面八方涌来。这是那些无辜者的呼喊，人们对他们进行了不公正的判决，还有些自杀身亡的人，以及为爱殉情的人。突然一个黑影从他们眼前闪过，埃涅阿斯认出了那是黛朵。

“迦太基女王，为什么天神们都不允许我继续留在你的王国里？黛朵，我从未停止过爱你！”他向她大声呼喊。

但是女王的身影已经消失在远方。

泪水溢满埃涅阿斯的眼眶，但是西比拉催促他继续他们的旅程。走了一段很长的路之后，阿波罗的祭司在一个十字路口停了下来。

“右边是**爱丽舍乐园**，那里生活着幸福快乐的人。你在那里可以与你的父亲以及很多勇敢的人重逢，左边则是惩罚罪犯的地狱。”

爱丽舍乐园：与地狱相反，这里是正直的人死后的居所；地狱里则是那些要接受永世刑罚的人。

他们进入了爱丽舍乐园。当埃涅阿斯见到这个明亮美丽的世界的时候，他是多么的惊奇啊！草原上开满了美丽的花，鸟儿的歌声在树丛中回荡。当埃涅阿斯终于见到他父亲的时候，他再也控制不住自己的情感，抽噎着哭起来。

“不要哭，我的孩子，”安喀塞斯说，“我们现在不是又重逢了吗？”

“父亲，你在这里幸福吗？”

安喀塞斯并没有回答他的问题，只是指了一下环绕着他们的祥和世界。他的手指着一条河流，河水静静地流淌。

“这是忘河利西河，饮下忘河之水的人就能遗忘前世的一切。圣洁的河水能够永远带走尘世间的一切忧愁痛苦。过往已经被遗忘，我现在每一天都在憧憬未来。

你们当中某一人将会建立起声名显赫的罗马城，这座城市在未来的某一天将成为世界的中心。光辉荣耀的世纪在等待着我们的家族。”

埃涅阿斯的内心洋溢着重逢的喜悦，但是西比拉提醒他：

“埃涅阿斯，我们该回凡间去了。”

安喀塞斯陪他俩来到了象牙大门旁，通过这扇大门，他们很快返回到凡间。

归来之后，埃涅阿斯受到了同伴们热烈喜悦的迎接，他们一起登上船，去那个他们只知道名字的新家园：

拉维尼乌姆。航行了几天之后，他们的储备就开始短缺了。他们上岸来到一片不知名的陆地，大家散开去寻找食物。不一会儿，大伙儿都带着战利品满载而归。埃涅阿斯和他忠诚的伙伴们坐在了一棵粗壮的橡树荫下。他们用一张张巨大的小麦煎饼作为桌子，把刚刚采集到的野果摊在煎饼上。大伙儿饥肠辘辘，每个人分到一块煎饼，津津有味地享受这些简单的饭菜，小阿斯卡尼斯边笑边欢呼道：

“野果和肉都没有了。现在我们要不就自力更生要不就饿死！”

听了这些话，埃涅阿斯恍然大悟。

“我们已经到达目的地了，”他宣布道，“塞莱诺的预言已经实现，我们已经可以自力更生了！”

对于所有特洛伊人来说，这是一个巨大的慰藉。他们通过祷告来感谢天神给予了他们正确的指引。

第二天一早，埃涅阿斯就用一架犁开始勾画他的城市——拉维尼乌姆的轮廓了。他还派遣了几个同伴去开垦周围的地区，还给这个国家的国王献上礼物。

那天，宫殿里的拉提努斯国王忧心忡忡。头天晚上，发生了一件奇事：在他们给阿波罗献祭的过程中，火焰在他独生女儿拉维尼亚的头上飞舞，一颗月桂树变成了一群蜜蜂。他马上向一位**占卜家**询问。占卜家向国王解释了这件奇事的含义：

占卜家：能够预知未来并且能与神灵交流沟通的人。

预兆：神祇给凡人发出的征兆。

“蜂群预示了一支即将在这里安营扎寨的军队的到来。火焰是你女儿传奇的命运和一场惨烈的战争的**预兆**。她将要嫁给一个异乡人，他们的后代将会统治世界。”

埃涅阿斯的同伴们带着礼物向国王表达和平的诚意，国王心里万分欣喜。这些特洛伊人向他表示问候，并且正式地请求他允许他们在其国土上建立一座城市。拉提努斯回答他们：

“回去告诉你们的首领，我们之间将会和平共处。你们是我们的同盟和朋友。我的女儿将遵循**神谕**嫁给一个异乡人，但愿埃涅阿斯就是这个人。你们回去向他传达我的话吧。”

朱诺在奥林匹斯山密切留意着特洛伊人的到来，她心里满怀愤恨。她决心阻止他们在意大利的土地上安顿下来。通过**不安女神**阿勒克图，她挑起了**卢杜里**国王图努斯的怒火，要知道拉维尼亚原本是许配给图努斯的。图努斯集结了众多邻国的人民起来反抗这些外地人，一场旷日持久的战争蓄势待发。但是埃涅阿斯一直都是信心满满：他坚定地相信属于他的家族的辉煌荣光。

神谕：神灵对凡人提出的某一问题的解答。最有名的神谕是德尔斐神谕。

不安女神：罗马神话中的复仇女神。

卢杜里：曾经生活在拉丁姆地区的意大利人。

潜水员坟墓

手臂设计在把手内的伊特鲁里亚骨灰瓮

殡葬风俗在公元前八世纪末期经历了一次演变：部分火葬由土葬代替。意大利的坟墓数量有所增加。

生与死之间的通道

在土葬者的坟墓里，有数量众多的陪葬品。富商贵胄的坟墓通常绘有不同题材的壁画以装饰（历史题材、歌舞宴会场景、军队游行……）在潜水员坟墓的壁画上，匆匆游向大海的男人象征着他离开了生界前往冥界。

骨灰瓮

火化后的逝者骨灰被收集到一些陶土、青铜、大理石的小器皿当中，被称为骨灰瓮。这些骨灰瓮被安置到坟墓内。

“此时埃涅阿斯和西比拉终于能够跨过冥府的门槛。各种哀怨的叹息声从四面八方涌来。”

墓穴

最富有的家族可以在其坟墓内设计多墓室墓穴。这样的墓穴通常更加个性化：石棺象征着逝者，而且通常有一个物件让人能辨认出其在生前所担任的职务。在凹槽内（墓穴底部），通常会雕刻或画出一些生活场景。

肠卜僧

伊特鲁里亚人尝试根据祭神的肝脏来解读神的旨意。仅有很少一部分人——肠卜僧，能够阐释神灵的预兆。

伊特鲁里亚石棺

雕刻有肠卜僧研究肝脏的镜子背面

天神和贞女

如今的意大利完全是一片废墟。多年来，战争越打越激烈。得到朱诺庇护的图努斯集结了大部分的民众和半岛上的一些城市来对抗由母亲维纳斯保护的埃涅阿斯。人类之间的战争导致众天神也争吵不休，奥林匹斯山不复安宁。被激怒的朱庇特决定禁止天神为凡人提供援助。失去了朱诺的支持，图努斯很快就为埃涅阿斯所打败。但是特洛伊人并没有击败所有的敌人，他们还要迎战英勇善战的**第勒尼安**军队。战争的结局还是个未知数。为了完成使命，埃涅阿斯冲锋陷阵越来越频繁，并号召他的军队追随他。当胜利来临时，骁勇的埃涅阿斯却遭到了致命的一击。

第勒尼安：罗马人对伊特鲁里亚人的称呼。

幸好他的儿子阿斯卡尼斯不仅继承了他在特洛伊人中的地位，还在离拉维尼乌姆不远的地方建立起了他的城市：阿尔巴·隆加。埃涅阿斯的子孙们世世代代统治着阿尔巴，这个城邦也繁荣昌盛。此时，普罗卡斯国王用智慧和英明来统治城邦。

普罗卡斯有两个儿子：努米托尔和阿穆利乌斯。哥哥努米托尔继承了父亲的所有美德。普罗卡斯希望将来有一天由他继承王位。弟弟阿穆利乌斯对此无比嫉妒，兄弟俩经常爆发激烈的争吵。一天，阿穆利乌斯当着普罗卡斯的面羞辱他的哥哥：

“你不过就是个懦夫，努米托尔！将来你不配为王！”

感到自己将不久于人世的普罗卡斯，对无休止的争吵感到心力交瘁，于是有一天他召见了两个爱子，并对他们说：

“我的孩子们，我们的祖先不得不背井离乡在意大

利找到了容身之所，这里应当国泰民安才是。在你们之间不应该有任何嫌隙和竞争，你们应该一起引导我们的人民。你们当中的一个将来会成为国王，但是另一个并不会因此而有任何损失。我死之后，阿穆利乌斯，你把我的遗产一分为二，让你哥哥选择他自己的那一份。”

兄弟两人同意了父亲的决定。

这次谈话后不久，老普罗卡斯国王就去世了。整个阿尔巴城都处在一片哀悼当中。每个人都为这位带来和平的好国王哭泣。他的其中一个儿子要继承他的王位，会是谁呢？兄弟俩聚到了一起，阿穆利乌斯发话了：

“父王已经宣布由我来将其遗产分为两份，那么你听好我的决定。我们当中的一人将成为阿尔巴城的国王，另一人将得到我们家族的所有财富。你选吧，我的哥哥。”他说着露出一个不易觉察的笑容。

不管哥哥的选择是什么，阿穆利乌斯觊觎的不仅是王位而且还有财富。如果努米托尔成为国王，阿穆利乌斯将会变得足够富有和强大来将他的王国充公。如果是他成为国王，他会掠夺他哥哥的所有财富。

“既然这是你的意愿，我的兄弟，我选择王国，”他以一种看破尘世的语气说道，“我遵从父王的遗愿。”

于是努米托尔成为了阿尔巴的新国王，阿穆利乌斯则是最有权势和最令人生畏的人。被野心和嫉妒冲昏了头脑的阿穆利乌斯立即以一项莫须有的罪行起诉了努米托尔，这个借口让他成功地清除了他的竞争者。由于害怕触怒神灵，他并没有杀害努米托尔，只是把他赶出了城外，强迫他待在自己的领地里，让侍卫们加强看守以防他逃跑。在城内，再也没有任何人敢反抗已经登基为王的阿穆利乌斯。

然而，阿穆利乌斯并没有得到真正的安宁。实际上他担心他哥哥的女儿雷亚·希尔维亚将来有一天会生儿

育女。难道他们不会要求收回他们自己的遗产吗？于是阿穆利乌斯决定召见雷亚·希尔维亚。

“我亲爱的侄女，你一定还不知道在维斯太神庙里，燃烧着我们这个城市的圣火。圣女们照看着它使它永不熄灭，城市的命运与圣火息息相关。可是其中一个圣女最近刚刚去世，需要找人去接替她。如果能够成为维斯太神庙的女祭司，那将是无上的荣耀。在犹豫再三之后，我还是决定任命你为**圣女**。”雷亚·希尔维亚无法掩饰她内心的喜悦。她一路狂奔到了堂妹安托的房间里，与她分享这个好消息。安托是阿穆利乌斯的女儿，她先为堂姐感到高兴，但喜悦随即被忧伤所掩盖：她知道这个圣女的使命会让堂姐远离自己。几天之后，雷亚·希尔维亚便穿上了女祭司的白色祭袍，加入**圣女团**了。

圣女：负责照看维斯太神庙内圣火的贞洁女子。

圣女团：负责向天神献祭的祭司。

从此以后雷亚·希尔维亚就很少出现在王宫里，这让安托感到了无比的伤感。于是安托来到阿穆利乌斯身旁跟他说：

“父亲，我想和雷亚·希尔维亚重逢，并且像她一样成为圣女。”

“我对你的生活另有安排，我的女儿，”阿穆利乌斯回答她，“一场盛大的婚礼在等待着你。你难道不知道圣女是不能结婚生子的吗？如果你也成为了维斯太神庙的女祭司，你就不能为我们的家族传宗接代、为我生下将来继承我王位的继承者。”

这个时候安托才明白了她父亲的阴谋诡计，但是一切都已经太迟了。

在此期间，雷亚·希尔维亚满怀自豪地完成了她作为一名圣女的职责。她守护着圣火，并且参加了城里的节庆。只是，有一天她到王宫里来找堂妹时，双眼满含泪水：

“我亲爱的安托，对于我来说你就像是我的亲妹妹，所以我得向你倾诉一个惊天大秘密。在不久之前，我独自一人在圣林里的时候邂逅了一个年轻的战士。他的盾牌闪耀着光芒，在精雕细刻的头盔背后是一张战神的脸庞。我已经多次恳求他不要再来见我，但是没有用，**马尔斯**让我着迷。现在我之所以来找你，是因为我不知道该怎么办：我怀上了这个伟大战士的孩子。”

马尔斯：罗马神话中的战神。

雷亚·希尔维亚话音刚落，阿穆利乌斯国王就站在了她面前，目光凌厉，咄咄逼人。躲藏在离女儿房间不远处的他听到了这一切。

“糊涂啊你！难道你不知道如果圣女触犯规则，等待她的将是怎样的命运吗？她会被处以活埋来为自己的错误赎罪！侍卫们，把她关进大牢！”国王指着圣女说。

国王离开房间之前，年轻的安托跑过去抱住了他的腿：

“父王，雷亚·希尔维亚就像我的亲姐姐，我们一起长大。如果她必须死，那我就和她一起死。”

阿穆利乌斯国王怒火中烧，因为他的计划失败了，他一直担惊受怕的事情终于就这么发生了。雷亚·希尔维亚可能会生下一个继承人，将来会把他废黜，并且为其祖父努米托尔报仇雪恨。必须阻止这件事情的发生。然而，深爱着女儿的他不愿意用她的性命来冒险。

“那好吧，你的堂姐可以被饶恕，但是她的孩子，无论是神的儿子还是凡人的孩子，都必须交给我。”

在等待了几个月之后，雷亚·希尔维亚的孩子出生了。人们禀报阿穆利乌斯，雷亚·希尔维亚生下的不只是一个儿子而是一对双胞胎，她为他们取名为罗穆卢斯和雷穆斯时，他感到万分震惊。但是阿穆利乌斯并没有心软：他依然坚定地要铲除动摇他王位的威胁。

朱庇特、马尔斯和基林努斯罗马神话中的三大主神。他们组成了“罗马三神”，一起掌管其他众神。奎里纳尔山和卡皮托利山上都盛行对他们顶礼膜拜。其他次要的主神也同样受到尊敬，因为每一个活动都对应着一个相应的神灵。

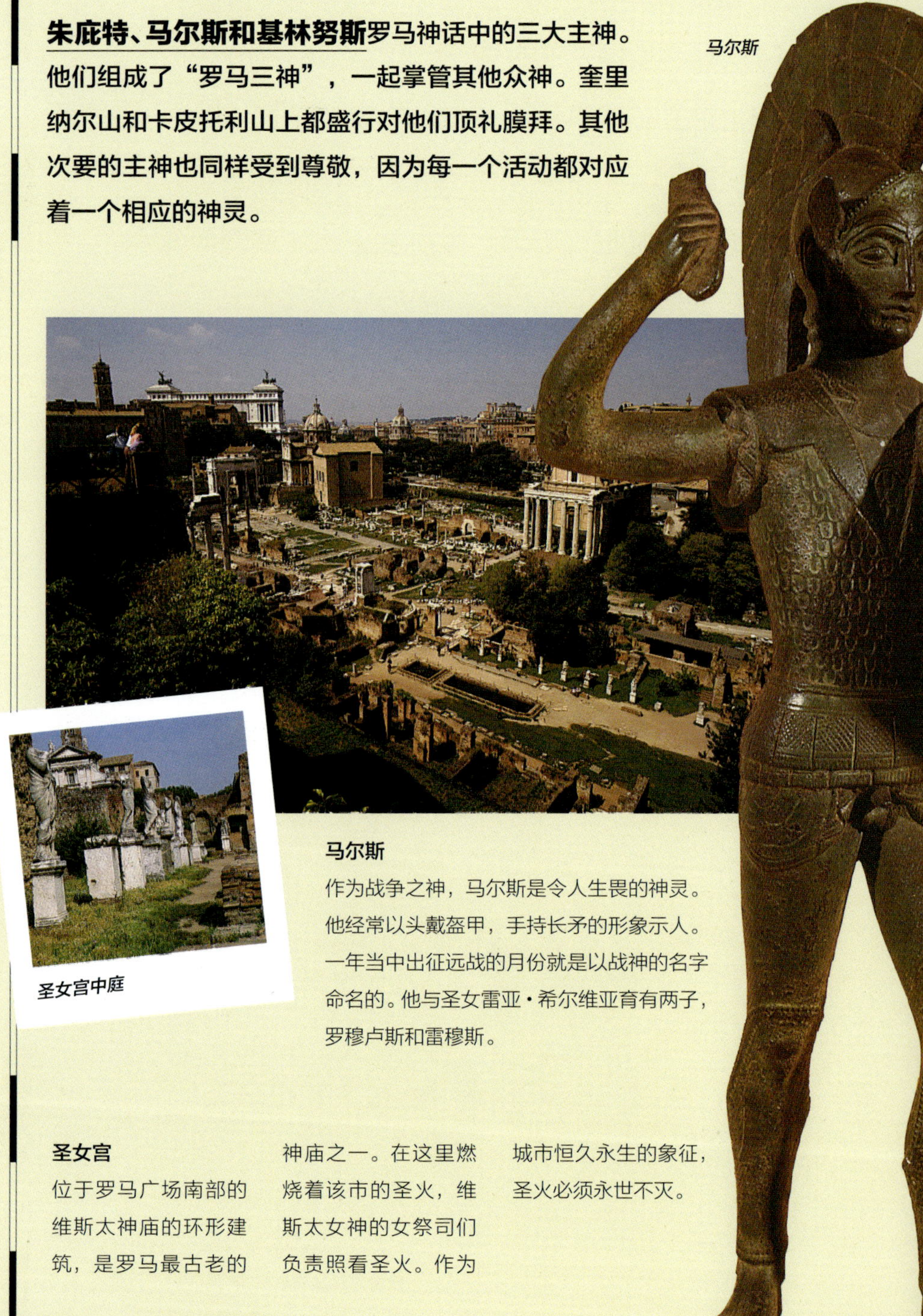

马尔斯

圣女宫中庭

马尔斯

作为战争之神，马尔斯是令人生畏的神灵。他经常以头戴盔甲，手持长矛的形象示人。一年当中出征远战的月份就是以战神的名字命名的。他与圣女雷亚·希尔维亚育有两子，罗穆卢斯和雷穆斯。

圣女宫

位于罗马广场南部的维斯太神庙的环形建筑，是罗马最古老的神庙之一。在这里燃烧着该市的圣火，维斯太女神的女祭司们负责照看圣火。作为城市恒久永生的象征，圣火必须永世不灭。

朱庇特

朱庇特和朱诺

“他的盾牌闪耀着光芒，在精雕细刻的头盔背后是一张战神的脸庞。”

朱庇特和朱诺

司掌雷电和暴风雨的朱庇特是众神之王。罗马的历代国君都将其作为该城的主要神灵进行供奉。女性和婚姻之神朱诺是朱庇特的姐姐和妻子。其象征为孔雀和石榴。

墨丘利

其他神祇

在其他天神中，阿波罗和墨丘利在罗马文化中占据着重要地位。阿波罗是朱庇特和勒托的儿子，在很长一段时间里，他在罗马和伊特鲁里亚（其名为阿普鲁）因其医药才华受到人们极大的尊崇。他同时还是光明和文艺之神。朱庇特与女神迈亚的儿子墨丘利是旅行者和商人的保护神，他还负责护送死者的亡灵直到地狱。

母狼的孩子

阿穆利乌斯的仆人急匆匆地在黑夜中行走。他离开了宫殿，一步不停地朝河边走去。他一只手举着火把，照亮他前行的路途，另一只手提着一个柳条筐，里面睡着马尔斯和雷亚·希尔维亚的两个孩子。阿穆利乌斯交给他一个残忍的任务：将双胞胎扔进**台伯河**。然而，这几天以来，台伯河河水泛滥，他根本没法靠近河岸。于是他决定将柳条筐丢弃在被水淹没的河岸上，河水会完成剩下的工作。他想，孩子很快就会被淹死的。他看着柳条筐在波涛上渐行渐远，然后就返回了宫殿。

台伯河：拉丁姆（罗马地区）和伊特鲁里亚之间的分界河。

柳条筐随波漂流了很久，之后，停在芦苇荡里。两个新生的孩子似乎必死无疑了，然而，战神马尔斯从遥远的奥林匹斯山之巅守护着他的两个儿子，并为他们派去了一个令人意想不到的守护者……

一天清晨，一头出来觅食的母狼走近了柳条筐。它趴在因为饥饿而不停啼哭的双胞胎旁边，并把乳头塞到

了他们嘴里。两个孩子含住了母狼的乳头，贪婪地吮吸着，吃饱之后，又沉沉地睡着了。随后的几天里，母狼都守护在两个新生儿身旁。它就像一位母亲一样，保护他们远离危险并用乳汁哺育他们。

在离河岸不远的地方住着一位叫福斯图卢斯的牧羊人。有一天，太阳下山前，当他赶着羊群回家的时候，发现一个物体卡在河岸上的芦苇荡里。他走近一看，吃惊地发现了柳条筐里睡着两个婴儿。他抱起之后一路小跑回家。

“拉伦西亚！拉伦西亚！快来看看我从田里回来的路上，就在离家不远的地方发现了什么！”他一边对妻子说，一边指着柳条筐里牙牙学语的两个婴儿。

“是天神指引你找到了这两个小孩儿，”她惊呼道，“天神把他们托付给了我们！我们一定要把他们视如己出，好好抚养他们长大，不过，我们一定要保密！”

罗穆卢斯和雷穆斯在河岸之间一天天地长大了。他们还是小孩的时候，就和父亲一起把羊群赶到森林里去，他们在那里度过最愉快的时光。森林对他们而言有着不可思议的魔力，他们喜欢在那里狩猎，和野兽较量。

一天，当他们离开福斯图卢斯和拉伦西亚的住所前去探险，无意中碰到一伙强盗正在分赃。两人根本来不及商量，但却心有灵犀地同时决定用棍棒驱逐这伙强盗。此时这两个年轻人已经非常强壮而勇敢，小偷们很快就四处逃散了。

每年，拉丁姆的猎人都会穿上各种野兽皮和山羊皮，聚在一起纪念他们的保护神——**潘神**。节日期间，他们会参加一些诱惑比赛。

潘神：牧羊人之神。

罗穆卢斯和雷穆斯喜欢在那里和同伴们相聚，一起参加庆祝活动。今年，如同往年一样，他们一同前往，想要去参加赛跑，途中他们路过了努米托尔的领地。

突然，他们碰到了之前被他们驱逐和抢劫的强盗。手持棍棒的兄弟俩英勇地进行抵抗，但却寡不敌众。罗穆卢斯最终逃跑了，雷穆斯被抓住了。他被带到了国王阿穆利乌斯跟前。

“我们在您哥哥的领地上抓到了这个强盗，”窃贼的首领说，“他和他的团伙一起攻击我们，我们击败了

他们并且抓住了其中一员。现在我们将他交给您，阿穆利乌斯国王，希望您能还我们一个公道！”

“如果这个强盗是在我自己的领地上被抓的，他早就被判死刑了。但是他是在我哥哥的领地上被你们抓住的，所以他应当由我的哥哥来公正地裁决。侍卫们，把这个人交给努米托尔。”

自从被弟弟赶下宝座之后，努米托尔就一直在他的领地上隐姓埋名地生活。当他见到侍卫们押着一个被锁链捆绑得像奴隶一样的囚犯走进他家里的时候，他感到非常吃惊。阿穆利乌斯的侍卫们将雷穆斯交给了他。努米托尔对囚犯说：

“异乡人，你在我的领地上抢劫财物。”

“我并不是强盗。是他们，那些窃贼，是他们洗劫了牧羊人。”

“那么你是谁？你看起来还很年轻，你有几岁？”

“我是牧羊人福斯图卢斯和拉伦西亚的儿子，”他勇敢地回答，“我和哥哥罗穆卢斯，一起出生于台伯河水泛滥的那一年。”

努米托尔被眼前这个年轻人的仪表和所表现出的果敢震惊了，这不仅仅是一个简单的牧羊人，他决定要调查了解更多详情。

与此同时，逃脱了埋伏的罗穆卢斯一路奔跑回了福斯图卢斯身边，并把他们的不幸遭遇告诉了他：

“强盗们把我弟弟交给了阿穆利乌斯国王。”

“什么？我们完了，我的孩子。”

“怎么了，我的父亲？”

“罗穆卢斯，我必须告诉你一个我们保守了很多年的秘密：拉伦西亚和我尽管对你们视如己出，把你们抚养长大，但我们并不是你们的亲生父母。”

“什么？你在说什么？我们不是你们的孩子？”罗穆卢斯打断了他。

“是的，罗穆卢斯，你听我说。一天晚上，是天神们指引我在台伯河岸边的一个柳条筐里发现了你们。那个时候，女祭司雷亚·希尔维亚和战神马尔斯的两个儿子离奇地失踪了，很多人都认为是阿穆利乌斯国王铲除了他的侄孙们。你们是他们的孩子和继承人。可是，如果现在阿穆利乌斯国王发现了真相，我们就要大难临头了……”

此时，另一个牧羊人闯进了屋子对福斯图卢斯说：

“你儿子现在在努米托尔手里！”

“罗穆卢斯，你快去召集那些对我们忠心耿耿的牧羊人，”福斯图卢斯喊道，“我去找努米托尔。但愿天神与我们同在！”

福斯图卢斯拿上那个柳条筐，急匆匆地赶到了努米托尔的宫殿里，并且向他讲述了整个故事。老国王被事实真相震惊了，他明白被自己关在监狱里的人正是他寻找了那么长时间的外孙。努米托尔马上释放他并且把他紧紧拥在怀里。

不久之后，罗穆卢斯赶到皇宫。时隔多年之后，祖孙三人终于重逢了！

然而，这样的幸福非常短暂：阿穆利乌斯的威胁始终笼罩着他们。如果他知道王位的继承人还活着并且已经回来了，用不了多久他就要开始报复！罗穆卢斯无法掩饰自己的担忧：

“现在我们该怎么办？”

“必须推翻这个暴君！”雷穆斯怒吼道，“我们去攻占他的宫殿！”

罗穆卢斯和雷穆斯的牧羊人军队里的大部分成员都是阿尔巴人，要知道，阿穆利乌斯是一个令人憎恨的统治者。

为了不引起怀疑，大部队分成了小团体潜入城内，然后在王宫附近集合。阿穆利乌斯的侍卫们出其不意地遭到攻击，根本无力反抗，王宫很快就被努米托尔的支持者控制住了。面对这次**暴动**，阿穆利乌斯明白他就要完蛋了，他不甘心，想方设法地逃出去。但是雷穆斯发现了阿穆利乌斯，于是冲上前去追捕他，最终把他杀死了。

此时战斗已经结束了。努米托尔召集了阿尔巴人民，在这些惊呆了的帮手前面，他陈述了**篡权者**阿穆利乌斯的种

暴动：反对统治者的起义。

篡权者：靠武力夺取政权的人。

种罪行。尤其是他曾经下达罪恶的命令：两个侄外孙刚刚出生不久就将他们遗弃到河边，多亏一头母狼他们才得救，随后又被一位善良的牧羊人收养。这个时候，罗穆卢斯和雷穆斯来了，并向他们的祖父欢呼，人群也齐声欢呼并且宣布努米托尔为阿尔巴国王。

大部分的意大利人民居住在乡下，尤其是那些靠种植业和养殖业为生的农民。这些农民和牧羊人是最早的罗马居民。

伊特鲁里亚雕塑，青铜塑农耕场景

意大利风光

朱庇特神殿的母狼，伊特鲁里亚青铜雕像。一对双胞胎是在十五世纪的时候被添加上的。

梨的使用

可耕种的土地通常位于沿海的平原。大量的工具被用于耕种田地。牛拉犁让人们可以深耕土地。收获季节到来时，农民们通常使用镰刀收割。

“这样，从很小的时候起，他们就和父亲一起把羊群赶到森林里去，并且在那里度过他们最愉快的时光。”

意大利风光

意大利的地势通常都超过海拔 1000 米，中部地区主要是山脉及为数不多的平原。这样的地形致使农业资源分布极不均衡，大面积的山地促使人们加强畜牧业的发展。

畜牧业

畜牧业主要饲养牛（用于生产牛奶、牛皮以及从事农业生产），马、毛驴和骡子（运输）；以及绵羊（羊毛、羊奶）。仅有猪肉可供食用。牧羊人信奉牧神潘神。

葡萄种植业

农作物的种类在过去并不是那么丰富多样。以小麦、油橄榄和葡萄种植为主，自给自足型的农业（向农民提供必需的食品）曾一度占据主要地位。葡萄酒丰富了人们的餐桌，同时也用于向神灵献祭（奠酒）。

野兽

曾经有大量的野生动物生活在意大利的土地上，母狼在挽救了必死无疑的罗穆卢斯和雷穆斯之后成为了罗马城市的象征。

罗穆卢斯建立罗马

太阳迟迟没有在阿尔巴城升起。罗穆卢斯被一阵刚刚爆发的争吵声惊醒。他起身探头出去，只见一个商人被他的几个朋友簇拥着，正在痛斥和他同行的一个牧羊人：

“昨天我看见你偷了我的一些奶酪，把它们还给我！”

“这不是真的，”牧羊人生气地回答道，“我根本没有偷你的任何东西！”

他们周围聚集了一群人，牧羊人觉得人身安全受到了威胁。自从阿穆利乌斯被赶下台之后，在贤明君主努米托尔的统治下，阿尔巴城已经恢复了往日的繁荣，但是这样的小摩擦却并不少见。阿尔巴人接受不了新来的牧羊人那些粗犷的风俗习惯，要知道，这些牧羊人可是双胞胎兄弟青梅竹马的朋友啊。罗穆卢斯忧心忡忡：不能再这样下去了，他已经受够了这些无休止的争吵。他决定去找他的弟弟：

“阿尔巴对于我们来说实在是太小了：牧羊人在这

里并不受待见，而且情况在一天天恶化。我们一起离开这个父辈的城市去不远的地方建立一座新城市吧！”

雷穆斯也赞同哥哥的想法。他们毫不费力地说服了其他同伴一起出发。

伊特鲁里亚： 意大利的中心地区。

台伯河岸边，拉丁姆和**伊特鲁里亚**的交界处，有一块被七座山丘环绕的沼泽小平原。那头母狼就是在这里哺育了罗穆卢斯和雷穆斯兄弟俩，随后福斯图卢斯将他们抱回家抚养。他们决定在这里建立他们自己的城池。现在他们开始开垦这块土地：罗穆卢斯忙着丈量这个平原，雷穆斯则动身前往

另一座山丘。

兄弟俩碰头的时候，却各持己见，产生了分歧。他们俩因为城池的选址问题而发生了他们之间的第一次争吵：

“我们应当在平原上，也就是帕拉蒂诺山脚下，建立我们的城市，”罗穆卢斯说，“虽然这里有些沼泽，但是我们可以**引流排水**，这样我们就可以根据逻辑学的原则建立一个方格形的城市。”

引流排水：给一块被水淹没的地区排水。

“你选的地方在任何情况下都是极不合适的。台伯河水泛滥的时候很可能将你的城市卷走！还有，你认为怎样进行防御？应当将城市建立在这些高地上，”雷穆

斯一边指着阿文蒂诺山一边说，“这样才能更好地抵御有可能出现的进攻。”

“你选的地址和我选的一样适合建城，”罗穆卢斯回答他，“那么我们就请天神们来做一个决断吧。你去你选的地方，而我留在帕拉蒂诺山上。朱庇特会给我们一个指示，告诉我们谁选的地址更好。得到众神之王赞许的人同样将成为这个新城邦的统治者。”

“也好，我的哥哥，既然我们各自的选址也同我们的年龄一样不分伯仲，那么就听从朱庇特的决断吧！”

两人各就各位，开始仔细观察天空。好几个小时过去了，罗穆卢斯和雷穆斯还在等待雷神的指示。正当两人都开始感到失望的时候，六只秃鹫首先飞到雷穆斯的身旁，他欣喜若狂。这些大鸟是朱庇特派来告诉他，他的选择是正确的。于是他和几个同伴从**阿文蒂诺山**上跑下来，所有人都应该尽快知道朱庇特是支持他的选址的，他自言自语地说道，尤其是哥哥更应该赶快知道，而且自己将是新的国王。

阿文蒂诺山：罗马七丘之一。

他到达的时候，罗穆卢斯和他的同伴们站了起来：他们用手指着盘旋在沼泽地上空的十二只秃鹫，大声地展示出他们的喜悦：

“你难道没有看到朱庇特首先给我发出了赞许的指示？我们将会在我选择的地方建立新城！”

“朱庇特派了六只秃鹫到你那边去，但是他给我派了十二只，因此我赢得建立新城及选址的权利。”

说完这些话，罗穆卢斯转过身去再也不理他的弟弟了，他自顾自地划定出城邦的疆界来。可这边哥哥刚刚开垦出犁沟，那边气急败坏的弟弟又随即将犁沟填埋了。罗穆卢斯以威胁的口吻宣称：

“谁要是敢跨过这个城邦的界线，我就杀了谁！你也不例外，雷穆斯！”

雷穆斯毫不犹豫地从他的兜里掏出一把匕首并且越过了界线。这次轮到罗穆卢斯随手抓起一件武器应战了，两兄弟之间爆发了激烈的打斗。罗穆卢斯和雷穆斯各自的簇拥者们也开始对抗。突然，雷穆斯跌倒在罗穆卢斯开垦出来的犁沟旁边。他躺在地上，没有了呼吸。罗穆卢斯意识到，他刚刚在盛怒之下杀死了自己的亲弟弟。他泪如雨下，忧伤难抑。当天，他安排了盛大的葬礼：一口庄严肃穆的石棺将雷穆斯的尸体运到了山顶，以了他一心想在这里建立城邦的心愿。罗穆卢斯决定在这里安葬他的弟弟。

为了尽快从悲伤中走出来，罗穆卢斯很快就全身心地投入新城邦的建设当中。他从邻国伊特鲁里亚请来了一些祭师，向他们请教建立一座城市所要遵循的规则，以及如何才能不触犯天神。罗穆卢斯下令在平原上开凿出了一个环形的坑，让他的每一个同伴都在里面放上一把来自故乡的土：从今以后，这些来自不同地域的人组成一个民族，他们都成为了罗穆卢斯城里的居民。

但是如何来给这座城市命名呢？罗穆卢斯没有将其献给任何一位特殊的天神，而是选择用自己的名字来给城市命名：罗马。他自己难道不是这座新城市的缔造者吗？自此，他可以划定城墙的界限，这次再也没有任何人敢反抗他了。他套上一架犁，用它的青铜犁铧开垦出一条特殊的犁沟。这架犁由一头奶牛和一头水牛拉着。完成的时候，罗穆卢斯召集了他的同伴，并对他们宣布：

“**圣墙**是一个神圣的地方。将来，手持武器翻越圣墙者杀无赦。”

圣墙：罗马的神圣围墙。在围墙内禁止埋葬死人或者佩带武器。

罗穆卢斯的同伴们开始了辛勤的劳作：在炎炎烈日下，他们到邻近的森林里寻找盖房建屋所需的木材。他们立起了围墙，然后建盖房屋。几周之后，一座新的城池——罗马，已经初具规模。

建城仪式

塞尔维乌斯·图里乌斯墙

根据口头相传，罗穆卢斯**建立罗马**的年代可以追溯到公元前 753 年。这个最早时期的罗马几乎没有留下任何的考古遗迹。直到被伊特鲁里亚国王统治之前，它只不过是一个小小的村庄。

城市的界墙

延续了伊特鲁里亚传统的罗马人，丰富了建城时的净化仪式。两头牲畜牵引着犁，勾勒出代表城市界墙的犁沟。

塞尔维乌斯·图里乌斯墙

公元前六世纪由伊特鲁里亚国王下令建造的城墙，取代了罗穆卢斯时代的木城墙并且围住了一片更广阔的区域。在伊特鲁里亚国王的统治下，罗马最终变成了一个重要的城市。

窝棚瓮

窝棚瓮

这些木制的小屋子展示了早期罗马人的住宅。

“他们立起了围墙，然后建盖房屋。几周之后，一座新的城池——罗马，已经初具规模。”

罗马地图

罗马城包括七座山丘，这也正是它的名字“七丘之城”的来源。位于卡匹托尔山上的朱庇特神庙曾经是城市的宗教活动中心，而集会广场是政治中心。

排水沟

为了清洁罗马城，三位伊特鲁里亚国王令人建造起了污水管和下水道系统。排水沟从台伯河一直通到集会广场。

维米那尔山

奎里约尔山

朱庇特神庙

卡皮托利山

广场

艾斯奎利诺山

排水沟（下水道）

帕拉蒂诺山

西莲山

阿梵帝诺山

罗穆卢斯时期的罗马（公元前八世纪）

伊特鲁里亚时期城市的扩张（公元前八世纪末）

塞尔维乌斯·图里乌斯墙（公元前六世纪）

排水沟

强抢萨宾妇女

萨宾人生性凶残**好战**。他们心无畏惧，也没有建城墙来保护他们的城池：他们的战士就是其唯一的屏障。萨宾人带着怀疑的眼光密切注视着罗穆卢斯在他们的领土附近建立起自己的新城。他们毫无敌意地欢迎罗马人派遣来的使者，与他们建立起邻里关系，但是拒绝与这个掠夺者的城邦形成同盟。

好战：喜欢挑起战争的人。

在罗马，罗穆卢斯想知道奥林匹斯山上万能的天神们为他的杰作安排了什么样的命运，他向一位祭司询问。

“你的城邦将会成为已知世界的中心，而且当它发展壮大的时候，没有任何人能够对抗它，”天神的仆人回答道，“但是你要小心啊，现在可是生死攸关的时候，如果你们不马上繁衍子孙后代，城邦在初建时期就将面临永远消失的危险！”

听完天神的话之后，罗穆卢斯召见了他的心腹们：

“罗马在很短的时间内成为了一个强大的城邦。我们不惧怕任何人，但是，没有女人，我们的权势将会在

下一代的时候逐渐衰弱。目前没有任何一个民族愿意和我们联姻，我向整个地区派遣了使者但是没有任何民族响应我们的恳求。天神护佑我们的城市，不能容忍这个城市在我们的手里灭亡。如果这些民族不愿意将他们的血液融入我们，那我们就只好来硬的了！”

传令官： 负责传达信息的人。

康苏斯神： 意大利人崇拜的神，人们常将康苏斯神与海神尼普顿混为一谈。

不久之后，罗穆卢斯向萨宾人管辖的所有城市都派遣了**传令官**。

他邀请居民们参加竞技以表示对**康苏斯神**的敬意。借此机会，常年被埋藏于地下的神像也得以重见天日。这样的竞技是难得的消遣娱乐，罗穆卢斯知道一定会引起邻国居民们的好奇心。萨宾人从周围的各个城市赶来，谁也不愿意错过这样的喜庆节日！当来到罗马的时候他们是多么的吃惊啊：本来他们期望见到一个村庄，然而矗立在他们面前的，是一个有很多木城墙的城市！

萨宾人也被邀请了，他们既是观众也是参与者。为了向令人敬畏的康苏斯神表达敬意，罗马人在城外的神庙附近组织了一场比赛。表演开始了，参赛选手骑着马、骡子、驴，一个个摩拳擦掌，蓄势待发。待罗穆卢斯国王一挥手，他们就向前冲去。萨宾人的注意力都被比赛吸引了：他们当中的一员正遥遥领先。

“我们是意大利最优秀的骑手！”一个萨宾人轻轻拍着坐在他旁边的罗马人的肩膀，自豪地说。

这个罗马人并没有关注比赛，他的目光一刻都没有离开过正在主持比赛的国王。他在等待着国王的暗号准备行动。在第二回合的时候，罗穆卢斯站了起来，他把**绛红色**的斗篷折叠起来然后又重新穿上。这就是国王发出的暗号！

绛红色：经常用于国王衣物的深红色。

此时一部分罗马人扑向一群远处的人群，她们是一群正在全神贯注观看比赛的年轻萨宾女孩。还没等萨宾人搞清楚状况，这些战士已经紧紧抓住了奋力反抗、大声呼救的萨宾女孩。听到萨宾女孩呼救的父兄们试图阻止这些强抢女孩的人，但是这时，其他罗马人挡在了中间，挥舞着之前一直藏在他们斗篷下面的武器。他们阻止了对萨宾女孩的营救。在一片呼喊声中，有一个女孩大声辱骂罗穆卢斯国王。他回答她说：

“这一切都是你们父辈的错，萨宾女孩。他们拒绝了我们作为一个男人的合法权益。你们中的每一个女孩都会嫁给一个罗马人为妻，这次联姻是无法改变的，你们都将变成罗马人。随着时间的流逝，你们的心将会逐渐平静下来并且会因为这样的**婚姻**感到幸福。”

在萨宾人的各个城市里，每个人都穿着孝服。泪水伴随着哀叹声簌簌落下。被绑架的萨宾女孩的父亲决定向所有萨宾人的国王，强大的提图斯·塔提乌斯寻求帮助。

“这些罗马人简直就是蛮族！”其中一位父亲怒吼道，“他们之所以邀请我们，是为了从我们手里夺走我们的女儿，他们完全无视对我们的保护权。他们这种**背信弃义**的行为玷污了康苏斯神的节日！对他们这种触犯天神的

婚姻：结婚。

背信弃义：违背许下诺言的行为。

行为必须严惩不贷！”

提图斯·塔提乌斯聆听完他们的诉说后答应他们，如果最后那些年轻的女孩没有回家的话，他将会发动一场针对罗马人的战争。

他派了一位使节前往罗马，但是那些年轻女孩的父母亲再也没有耐心等待了。他们决定组织一场远征，从罗马人手里夺回自己的女儿。罗马人的领土被侵占和洗劫一空，但是对于罗穆卢斯来说，一场短暂的战斗就已经足以挫败这些入侵者。与此同时，使节带回了罗马人拒绝的答复。因此提图斯·塔提乌斯国王决定，对付罗马人不能强攻，只能智取，靠智谋来营救萨宾族的女孩们。

圣女塔耳珀伊亚负责守护城市的圣火，确保其永不熄灭。她是罗马山丘上大本营里一位指挥官的女儿。提图斯·塔提乌斯熟知她生性**贪婪**。当他在城外的圣林附近偶遇她的时候，他用金银财宝不费吹灰之力就说服了她背叛祖国。

贪婪：变富的欲望。

“我会协助你的，”她跟萨宾人的国王说，“我会给你的人指引一条疏于防范的小路，但是作为回报，我能得到些什么呢？”

“你将得到你想要的一切。” 提图斯·塔提乌斯回

答她。

“我希望每一个进城的士兵都将他佩戴在左手上的物件交付与我。”她说。

事实上，塔耳珀伊亚知道萨宾人通常会在左手上佩戴贵重的金手链和装饰珍贵宝石的戒指。

夜幕降临了，她带领士兵进了城。所有人都进城了之后，塔耳珀伊亚要求得到报酬。提图斯·塔提乌斯不喜欢叛徒，但他得信守自己的诺言。他把她觊觎已久的手链扔到了她的脸上，但是也把他左手握的盾牌一齐扔给了她。其他萨宾士兵也纷纷效仿他。塔耳珀伊亚被扔

过来的盾牌砸死了。作为唯一的酬劳，她得到的只有死亡。

这次背叛助萨宾人控制了大本营。第二天一早，罗马人发现了塔耳珀伊亚的尸体时知道他们被出卖了。所有的男人都按照战争的命令集结在大本营脚下。

他们犹豫不决是否要向山丘发动进攻，萨宾人的地理位置要比他们更有优势。罗马人向大本营发动了进攻，但是很快就被紧随其后的萨宾人击败了。罗穆卢斯试图挽留那些逃兵，但是恐惧战胜了他所有的战士。

失望至极的他恳求朱庇特：

“众神之父，我允诺在此为你树立一座神庙。但是

我请求你，赐予罗马人必要的勇气吧！”

话音刚落，电闪雷鸣，正在逃窜的士兵们站住了。

朱庇特满足了罗穆卢斯的愿望，给罗马人注入了战斗的热情。

此时萨宾人和罗马人在平原上对峙着。两个阵营展开激烈的交战，谁也无法预言哪一方会是最终的胜利者。毫无疑问的是，战争双方都将承担沉重的损失。那些萨宾女孩也不知该如何是好，随着时间的流逝，她们逐渐开始依恋她们的丈夫，她们也冲到了战场上。

失去父亲或是失去丈夫，对于她们来说都是无法承受的。她们扑到了战士们的脚下。每个人都被这样的场景感动了，战争也就随即停止了。提图斯·塔提乌斯和罗穆卢斯都向前走了一步，一起缔结了和平。

从此以后，这两个民族被紧密地联系在一起。之前被强抢的萨宾女孩很高兴在久别之后能与她们的家人重逢。她们不愿意再在这两个民族之间进行选择，她们觉得自己是萨宾人也是罗马人。所有人都期望从此之后在两个国家之间联姻。于是提图斯·塔提乌斯和罗穆卢斯两人一起成为了这个新国家的国王。

娱乐活动让早期罗马人的日常生活变得非常有节律，因为这样的娱乐活动通常是用于向神灵表达敬意的。城里最富有的公民欢聚于有多种欢庆活动（诸如舞蹈和戏剧）的宴会，而穷人只能聚集于各种格斗场。在这些娱乐活动中，音乐占据了决定性的地位并且伴随着每一个城市活动。

喜剧演员的面具

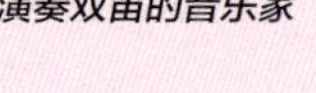

演奏双笛的音乐家

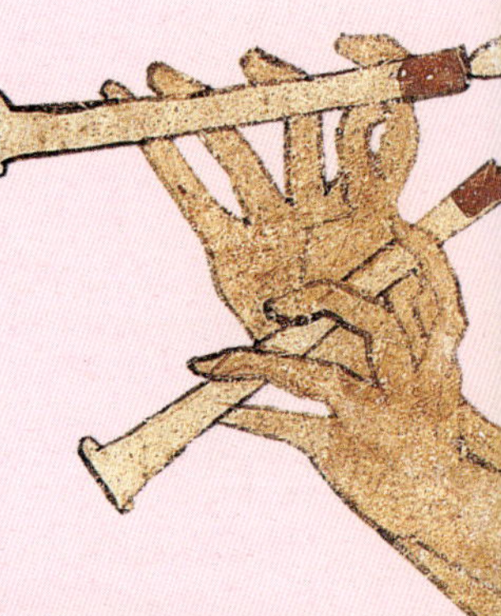

赛跑

彩车或者是马车竞技用于向某些天神（例如康苏斯、尼普顿）表达敬意。

宴会

作为奢华、精致生活艺术的体现，宴会对于伊特鲁里亚人来说至关重要。最富有的公民在宴会上开展各种讨论。与希腊妇女所不同的是，伊特鲁里亚妇女被广泛接纳。这也体现了她们在社会中所占据的主要地位。

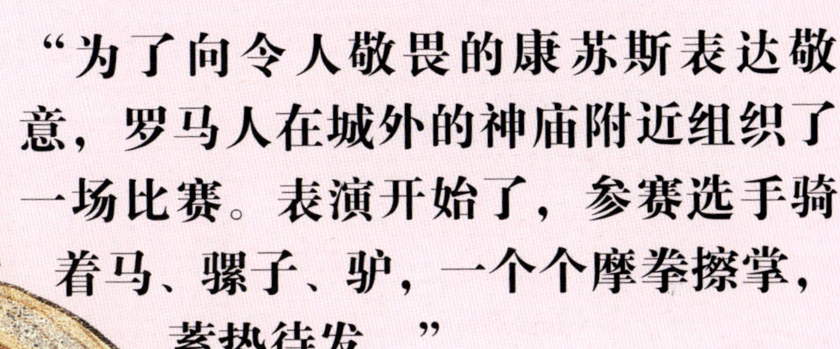

“为了向令人敬畏的康苏斯表达敬意，罗马人在城外的神庙附近组织了一场比赛。表演开始了，参赛选手骑着马、骡子、驴，一个个摩拳擦掌，蓄势待发。”

音乐

在伊特鲁里亚社会中无处不在，并且伴随着所有的社会活动。很多活动（例如狩猎或者是战争）都伴随着音乐的节奏来开展，类似于双簧管的乐器就有这样的作用。伊特鲁里亚人同样还演奏双笛和有七根弦的琴，舞者伴随着类似于七弦琴的旋律翩翩起舞。

戏剧

最初以舞蹈和滑稽剧的形式出现。此后，歌曲和即兴对话表演赋予了它更加经典的形式。戏剧通常在一些特定的节日或者是宗教仪式上出现（婚礼、葬礼）。

角力

格斗，尤其是角力和拳击备受推崇。在裁判注视下，角力者奋力将其对手摔倒在地。完成三次摔倒的人将获得胜利。

努马，圣贤的君王

罗马小城陷入了不安之中：他们的国王罗穆卢斯失踪了。之前他和所有罗马人一起来到了城墙外，到那个被古人称为“山羊沼泽”的地方。正当他在那里准备用祭品向天神献祭的时候，一大片乌云突然布满了蓝天，将聚集在一起的人们笼罩在一片深深的黑暗当中。同时，电闪雷鸣，预示着一场暴风雨即将到来，罗马人四散开去寻找躲避风雨的地方。在这场暴风雨过后，罗穆卢斯就再也没有出现过，没有人知道他发生了什么事。

他已经失踪好几天了，所有罗马人都忧心忡忡。在城里的大广场上，人们热烈地谈论着这个事情并且互相询问。有些人认为罗穆卢斯被谋杀了，其他人确信他被绑架了。突然，有一个男人跑过来，他气喘吁吁。

这是普罗库鲁斯，罗穆卢斯最忠诚的一位伙伴。很快，人群就将他团团围住。他告诉他们说：

“让我给你们讲讲我遇到了什么事情！当暴风雨发

生的时候，我就在离国王不远的地方。就像你们所有人一样，我看到这个奇迹的时候，正准备要逃走。我亲眼看见罗穆卢斯升天了。他的盔甲闪烁着耀眼的光芒，我被这神的光芒差点弄瞎双眼，之后就失去知觉了。大家都听我的，开心点，我们的国王离开此地前去与天神会合了。我们不能再像一个常人一样地尊敬他，而是要像神一样敬重他！”

得到这个消息之后，罗马人的慌乱才渐渐平息下来。然而还有一个问题：罗马没有国王了，那么谁才能代替这位英勇的罗穆卢斯呢？

“必须重新选举一位新的国王！”一位公民大声喊道。

整个人群立即赞同这个主意，但是罗马的居民意见不一致。国王以前的同伴们想让普罗库鲁斯继承罗穆卢斯的王位，而生活在罗马的萨宾人则支持他们当中一个叫做维勒苏斯的人，于是两人决定进行一次会谈。

“普罗库鲁斯，我的朋友，”维勒苏斯说，“自从我们的君主提图斯·塔提乌斯去世之后，其他的萨宾人都效忠于罗穆卢斯国王。我们从未扰乱过罗马的和平，也没有谋划过**叛乱**来反对这位

叛乱：反对政府的暴动。

我们一直承认的国王。现在我们要求新的君主应当是我们当中的一员，这样也将巩固两个民族之间的最终团结。”

在仔细聆听之后，普罗库鲁斯向他提议：

“罗马人单独选举一位新的君王，但是他们将从萨宾人民当中选举！”

维勒苏斯答应了，所有人也都接受这个建议。完全出乎意料，罗马人很快就选举出了新的国王：萨宾人努马·庞皮利乌斯。

努马获得了一致支持，虽然他从来没有来过罗马！其实，罗马人民根本不认识他，但是他的睿智和虔诚早已传遍整个国家。以前提图斯·塔提乌斯把自己的女儿塔提亚许配给了他，他和妻子选择了远离宫廷和它的钩心斗角。相比于荣誉和奢华，努马和塔提亚更喜欢在居里斯城里过简单朴素的生活。

努马和妻子幸福地在一起生活了十三年，可不幸还是向他们袭来了：塔提亚突然去世，留下了伤心欲绝的丈夫。他沉浸在无尽的悲伤中，于是决定远离尘世去隐居。

正是从这个时候开始，努马养成了独自在森林里散步的习惯。

一天，当他像往常一样在森林里散步的时候，他看到一位**山林水泽的仙女**坐在一片林间空地上。她非但没有害怕，还向他走来：

山林水泽的仙女：山岭、森林和水泽的次神。

“你是谁，尊贵的陌生人？你看起来如此孤独而又忧伤……”

“我叫努马，是庞皮利乌斯的儿子，也是塔提乌斯国王的女婿。自从我失去了深爱的人之后，生活对于我来说就是一个沉重的负担。”

“时间就像一条河流，它能让你忘却一切，你也是，你也会随着时间往前走的……”她回答他。

接下来的日子里，努马每天都会来看望美丽的仙女。仙女逐渐爱上了这个眼神温柔而又忧伤的男子。努马在她的陪伴下，重新找到了生趣。

一晃很多年就过去了，斑白的胡须爬上了他的脸庞。这天晚上，他邀请父亲和表兄马修斯共进晚餐。他们都已经到了，因此当他听到又有人敲门，而且看到有两个男人站在他家门口的时候，诧异不已。来人正是罗马人的密使维勒苏斯和普罗库鲁斯。他们一见面就马上向努马表达了他们的请求：

“我们的国王罗穆卢斯离开了我们去奥林匹斯山和天神们相聚了。罗马人推选你来继承他的王位！”

努马认真听完两位使者的话后，回答他们：

“一个人生活中的每一次改变都会带来危险。我过去一直享受着一种远离尘世的**冥想**生活和无关实务的学问。倘若当国王，我就会成为这个世界的中心。我唯一的愿望一直是敬重天神和为他们服务。罗马是个好战的城市，它真的需要一个不太入世的国王吗？基于这些原因，我不能接受这个荣

冥想：集深入思索和祈祷为一体的生活态度。

誉。”

这个诚实而又谦逊的答复，让两位使者更加深信努马是国王的最佳人选。他们急迫地说服他接受这个请求。

正当他们都僵持不下的时候，马修斯插话了：

“你不能拒绝这份荣耀。成为国王之后，你就能使罗马人的心变得柔和，让他们远离战争，让他们成为天神的仆人。”

努马稍微犹豫了一会儿后便赞同这个决定性的说法。他决定离开居里斯城，成为罗马的第二任国王。

努马为罗马带来了和平！在他统治期间，只有在战争时期才打开的雅努斯神庙始终大门紧闭。在经历了多年的冲突之后，新任国王努马成功地改造了罗马人的心灵，这些心灵过去曾是如此的好战。他把他们变成了**虔诚**的人：城市的日常生活因为向天神表达敬意的宗教仪式和献祭变得有节律。

虔诚：尊敬和敬畏天神的人。

但是有一天，一个巨大的不幸侵袭了城市：一场恐怖的瘟疫在整个意大利造成了人民大量死亡。

居民们恐慌不已。罗马人民不断地增加他们对上天的献祭：天神始终沉默不语。时间一天天过去了，绝望笼罩着城里的居民们。

于是，努马决定向他最忠诚的朋友女神埃吉利亚请教：

代为求情：为了某人的利益利用自己的影响。

“以我子民的名义，我请求你向天神**代为求情**，请他们赦免罗马城吧。现在罗马人民没有正确地向天神们献祭吗？难道他们在无意中激怒了天神吗？这样的惩罚是他们罪有应得吗？”

“圣贤的努马，七丘之上的天神对罗马城是仁慈的。听我说：一块铜盾很快会从天而降，它会护佑你们永远远离疾病，这块盾牌是天神的馈赠，必须将它永远保留在罗马。你让人铸造十一块一模一样的盾牌，这样，万一有人想要盗取这块铜盾，他也不知道应该从哪一块下手。”

这次会面之后，努马返回罗马。在他离开的这段时间里，奇迹已经发生了：一块青铜盾牌从天而降。努马得到了这个盾牌，真是个奇迹啊！不久之后疾病就在城里停息了。国王召见了维突流斯·玛穆努斯，要求他铸造另外十一块铜盾。灵巧的工匠马上开始工作，仿造品简直太完美了，连努马自己也无法分辨真伪。

从此之后，神盾护佑着罗马城躲避着瘟疫。

意大利是一个风俗和语言各异的民族大熔炉。然而，从古代开始，伊特鲁里亚文明和希腊文明经历了一个漫长的文化统一进程。

塞杰斯塔的希腊神庙位于西西里岛

古意大利人

意大利的民族诸如古拉丁人、闪米特人和萨宾人在与伊特鲁里亚人和希腊人交往的过程中创造出了璀璨的文明。

“努马获得了一致支持，虽然他从来没有来过罗马！”

伊特鲁里亚艺术

青铜制意大利面具

伊特鲁里亚人

在伊特鲁里亚，十二个主要的城市是拥有各自政治机构的独立国家。它们组成了一个同盟（联盟），每年宗教庆典的时候就会举行集会。

希腊人

从公元前八世纪初开始，他们就在西西里岛和意大利南部安定下来。这个新的领地被希腊人自己称为“大希腊”。希腊的绘画和艺术很快就被邻国的民族所模仿。

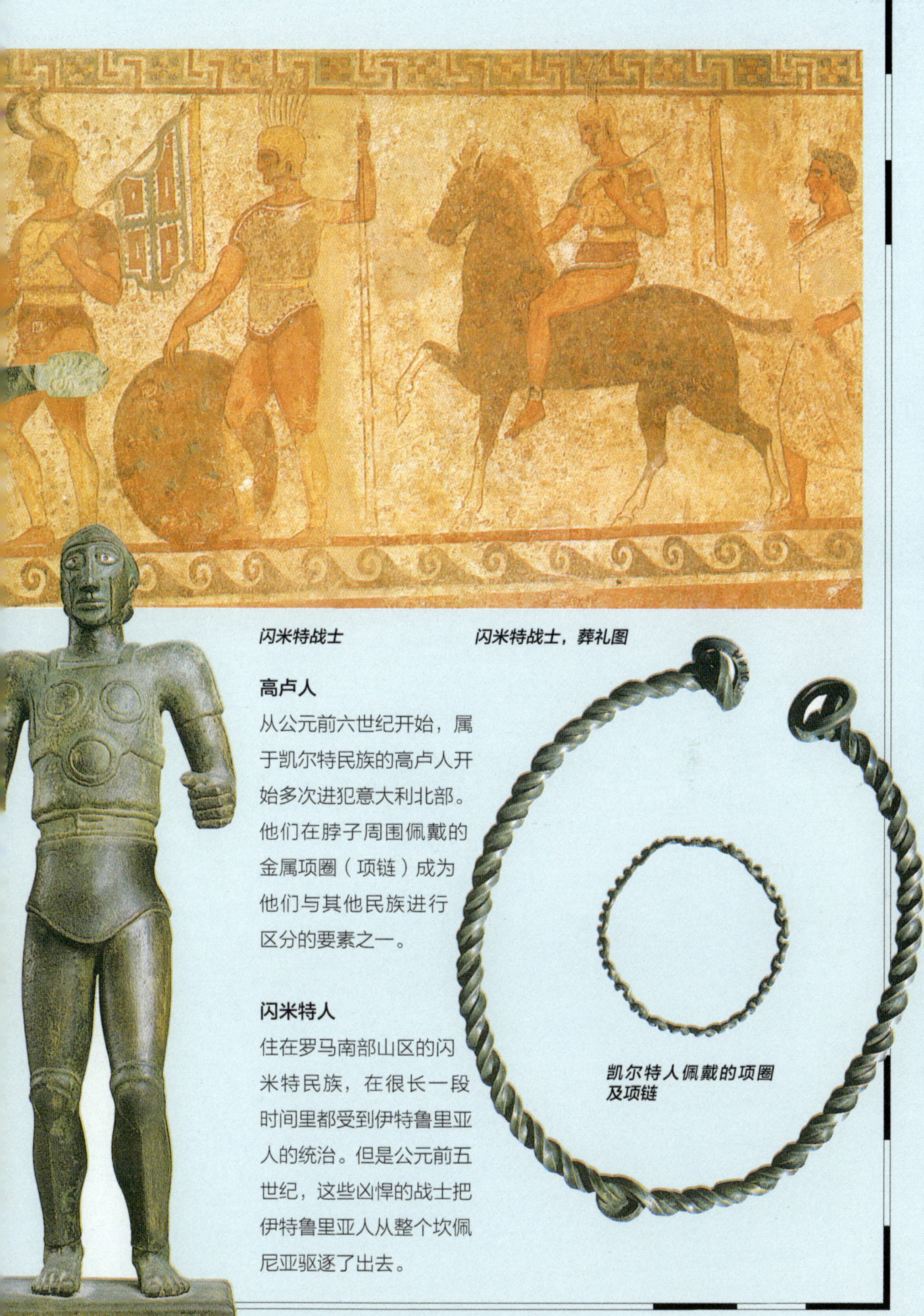

闪米特战士

闪米特战士，葬礼图

凯尔特人佩戴的项圈及项链

高卢人

从公元前六世纪开始，属于凯尔特民族的高卢人开始多次进犯意大利北部。他们在脖子周围佩戴的金属项圈（项链）成为他们与其他民族进行区分的要素之一。

闪米特人

住在罗马南部山区的闪米特民族，在很长一段时间里都受到伊特鲁里亚人的统治。但是公元前五世纪，这些凶悍的战士把伊特鲁里亚人从整个坎佩尼亚驱逐了出去。

贺拉斯兄弟和库利亚斯兄弟

努马国王去世了，没有留下任何子嗣。罗马人民都在服丧，每个臣民都在为这个能在人类和天神之间维持和平的国王流泪，每个人都在为这个爱民如子的父亲悲泣。新的罗马国王是个萨宾人，但是与圣贤的努马截然不同的是：英勇的图卢斯·霍斯提利乌斯年轻气盛且浮躁**鲁莽**。当选之后，他激情澎湃地对罗马人民发表演讲：

鲁莽：缺乏耐心且容易冲动。

“同胞们！我们这座城市在过去数十年里一直繁荣昌盛、欣欣向荣，现如今却显得麻痹大意！其实，我们的敌人就在门外虎视眈眈。一旦我们的城市被侵犯，大家还有勇气和信心将他们赶走吗？罗马的荣耀和恢宏需要的不仅仅是简单的防卫，我们一起去征服他们吧！”

居民们为新国王的演讲热烈鼓掌，战争的时机和新的征服如同弦上之箭，一触即发。

居住在罗马和阿尔巴的边境上的罗马农民偷了牲口，

阿尔巴人也以其人之道还治其人之身。图卢斯·霍斯提利乌斯就以这些鸡毛蒜皮的小事为借口，正式发动了对阿尔巴城的战争。

霍雷希娅和她深爱的库利亚乌斯（一个年轻的阿尔巴士兵）站在她父亲家的花园里。美丽的罗马女孩说起这个消息的时候语气中带着苦涩：

“这场战争是不公平的。阿尔巴和罗马居民不是情同手足吗！？他们不都是曾经背井离乡的特洛伊后裔吗？我不明白战争居然能在这两个民族之间爆发。”

“你说得对，”库利亚乌斯回答道，“你们的国王寻求的，并不是罗马的荣耀而是他个人的。”

“你该离开了，库利亚乌斯，再耽搁下去你会被俘虏的。披上这件我为你做的斗篷，我希望你披上它的时候能够想起我，我永远都不会忘记你的。”说着她长叹一声。

“我会一直穿着它的，战争一结束，我就回来这里找你。一场战争根本阻隔不了我们之间的爱情。”

霍雷希娅看着未婚夫渐行渐远，心里无比沉重。

几天之后，整个罗马城都沸腾了：所有达到参战年龄的男人都准备要离城了。霍雷希娅在家门口拥抱即将

前去参战的三个哥哥，他们迫不及待地要与阿尔巴人进行较量，头也不回地迅速离开了家。

两支军队在阿尔巴城墙下对峙着，剑拔弩张。突然，罗马人看到来了一个阿尔巴的信使。阿尔巴军队的统帅梅图斯·弗费提乌斯通过信使传达与罗马国王在开战前进行一次谈判的要求。罗马国王答应了，于是两位统帅都带着几位官员走上前来。阿尔巴人首先发话了：

“我的人民指定我来指挥这场战争，这就是我的职责。我无意追究阿尔巴人和罗马人孰持公义。野心让

两个联姻的民族自相残杀。我想请你注意这一点：我们强大的邻居，伊特鲁里亚人正虎视眈眈地注视着我们的争斗。杀敌一千，自损八百，胜利者和失败者都将遭受巨大的损失，到时候我们都将成为强盛邻国的囊中之物！”

图卢斯·霍斯提利乌斯强忍怒火听完对方的话：

“那你有什么好的方法来解决我们之间的争端？”

“可以这样来解决，两个城市的勇士进行一对一的格斗，获胜的士兵们将胜利赋予他们的民族，另一个民族则要臣服于胜利者。”

“我不得不接受这个解决方法，以免荼毒生灵。”

两人在他们万能的城市保护神面前郑重发誓，宣布将遵守许下的誓言。两个民族的代表都已经被选出来。巧的是在两个军队里，都有同龄的三胞胎，这可是神的旨意。为了捍卫罗马的社稷，贺拉斯家的三兄弟对阵库利亚斯家的三兄弟。不能参与格斗的战友在旁边为他们呐喊助威。现场气氛异常激烈，所有人都屏住了呼吸，目不转睛地盯着这两家兄弟们。战斗的号角已经吹响，摆好了战斗姿势的年轻人，手持宝剑和盾牌向前冲去。每个人都明白这场格斗的重要性，他们早已将生死置之度外。他们为了自己的民族能成为强者而战，每一次进攻都异常用力。人群鸦雀无声。

盾牌没法护住战斗者，格斗场上鲜血四溅。库利亚斯家的两兄弟受伤了，而阿尔巴的勇士还站立着继续战斗。突然，贺拉斯家的一个兄弟倒下了。罗马人的死亡让阿尔巴人鼓掌喝彩。格斗更加激烈地进行着，第三个阿尔巴人也受伤了，但同时另一个贺拉斯兄弟也倒下了。

阿尔巴阵营里流露出一丝喜悦，他们的勇士虽然受伤了，但他们是三人联手对付一个对手。

失望的情绪在罗马军队中蔓延开来，贺拉斯怎样才能抵抗这三个战士的进攻呢？安然无恙的贺拉斯知道，要战胜库利亚斯三兄弟的唯一途径便是将其分散开再一一击败。于是他往前跑，以便将奋力追赶他的三个对手分离开来。在离开格斗地点一段距离之后，他回头观望了一下敌人所处的位置。三兄弟都在追他，但是他们相互之间离得都很远。

其中一个库利亚斯兄弟全力奔跑，离他很近。贺拉斯放慢脚步，突然转身面对他，迅速抽出宝剑，朝对方刺过去。第一个阿尔巴人倒在他脚下。于是，他马上向第二个对手跑过去。罗马人为他加油助威，在库利亚斯赶到之前，他杀死了第二个敌人。在奔跑和严重受伤之后，库利亚斯已经精疲力竭，再也没有力气举起武器。贺拉斯毫不犹豫地用力将宝剑插进了他的喉咙。杀死他之后，贺拉斯扒下了他的斗篷，挥舞着以示胜利。

罗马人为他们获胜的勇士高声喝彩，两个军队此时都安葬了牺牲的勇士。罗马军队再次赢得了对祖国的统治权，贺拉斯走在队列的最前端。

贺拉斯兄弟的妹妹霍雷希娅一听到军队凯旋的消息

就冲到大门口。她认出了搭在哥哥肩头上的斗篷，就是她送给库利亚斯的那一件，她抽噎着哭泣起来，脑海里浮现的是她牺牲的未婚夫的音容笑貌。贺拉斯注意到了这个细节，他怒火中烧，飞快地走向他的妹妹，并拔出了他的宝剑。

“去跟你的未婚夫团聚吧！你这恬不知耻的妹妹！”他咆哮着将宝剑插进了她的心脏。“你忘记了你在战斗中牺牲的哥哥们，你忘记了自己的祖国，一心只想着你的爱人。所有为敌人哭泣的罗马妇女都将得到和你一样的下场！”

人们对这样的罪行感到愤慨。贺拉斯被逮捕了并移送到国王图卢斯·霍斯提利乌斯面前，国王根据法律指定了两名法官。两名法官判决将贺拉斯打死并且悬尸示众，贺拉斯求助于人民希望能取消法官的判决。他的父亲普布利乌斯说话了。年迈的普布利乌斯脸上刻满了岁月的痕迹，他泪水长流不止地说道：

“罗马人民，我的两个儿子已经为国效力牺牲了，第三个儿子为我们赢得了自由。

“我女儿确实是死不足惜。不久之前，我曾经有一个大家庭，而现在你们还准备夺走我唯一生还的儿子。啊，罗马人民啊，我恳请你们**宽大处理**他吧。”

宽大处理：宽恕或是减轻惩罚。

在场的人们都被这位父亲的话打动了，公民大会最终宣判贺拉斯无罪。尽管事实上他的确触犯了法律，但他的英勇功绩也不容抹杀，最终他功过相抵。

罗马军队在与周围的其他城市与人民的融合中逐渐形成。事实上，从建国开始，罗马向邻国发动了大量的战争。军队不断调整战斗技术、组织形式、武器装备并且采纳了一种新的战略。

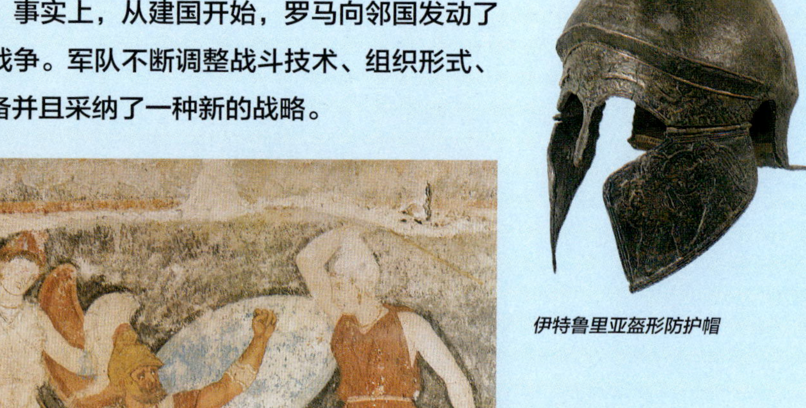

伊特鲁里亚盔形防护帽

与亚马逊女战士战斗的伊特鲁里亚战士

伊特鲁里亚战士

罗马军制

罗马的伊特鲁里亚国王，塞尔维乌斯·图里乌斯在公元前六世纪的时候创建了古罗马军团（4000人的军队），所有拥有一定财产的自由公民都应征入伍。每位罗马公民有义务自备武装。最富有的公民在骑兵部队服役，最贫穷的在轻装步兵部队，其余的在重装步兵部队。

武器装备

由一个盔形防护帽、一副锁子甲和一块盾牌组成。士兵用一支长矛、一把标枪以袭击远处的敌人，同时还有一把短剑（利刃剑）。

“战斗的号角已经吹响，摆好了战斗姿势的年轻人，手持宝剑和盾牌向前冲去。”

盾牌

圆形或者椭圆形，由特定的固定方式系在左前臂上，并且还有一个手柄。盾牌只能保护士兵身体的某一部分。

描绘有方阵队形的陶瓷器局部

重甲步兵方阵

在特洛伊战争时代，一对一的格斗曾经让战士们直面对抗。在伊特鲁里亚国王们统治下，一种新型的军事组织形式被采纳：方阵。在这种战斗的队形中，受到希腊士兵（重甲步兵）启发的步兵，以紧密的队列战斗，一起发动进攻，并且可以得到旁边士兵盾牌的部分保护。

伊特鲁里亚战神 拉朗的青铜塑像

妄自尊大的塔克文

最后一缕阳光洒在罗马城里一所富丽堂皇的房子上，两个恋人在花园里的柏树下幽会。卢修斯·塔克文暗中密会国王塞尔维乌斯·图里乌斯的女儿图利亚已经有好几个星期了。两人心中的爱情之火好似烈焰一般熊熊燃烧。

图利亚拉着卢修斯的手对他说：

“为什么幸运女神还不眷顾我们？”

“造物弄人啊！”卢修斯回答她，“我娶了你妹妹而你嫁给了我哥哥，他们俩不温不火的性格真让人讨厌！一定是上天在捉弄我们！”

“想象一下我们的婚姻吧：你很快就会成为罗马最有权势的人！你会像你的父亲老塔克文一样统治我们的城市……”

“我父亲来到罗马的那天，一只老鹰叼走了他的礼帽。我母亲能够从鸟的飞行中解读神的意志，她知道众神之王赋予了我们家族一个不同寻常的命运！”

“你是我那老父亲的继承人，王位将重新属于你。呃，只盼你哥哥和我妹妹不要成为我们这个计划的绊脚石！”

黄昏时分，两个恋人依依不舍地分别了，勃勃野心吞噬着他们的心。然而没过多久，众天神满足了他们的心愿：图利亚的丈夫和卢修斯的妻子都离奇地死了。图利亚迫不及待地把想嫁给卢修斯·塔克文的打算告诉了她父亲。听到这个消息，国王大发雷霆：

“在守孝服丧期间，你竟敢谈婚论嫁？你的泪水那么快就干了吗？我不允许你嫁给曾经是你妹夫的人，尤其是现阶段，你丈夫还尸骨未寒啊！”

“你要知道，我就是要今天结婚，不管你同不同意……”

从此之后，卢修斯和图利亚成为了夫妻。在塞尔维乌斯·图里乌斯死后，卢修斯将继承他的王位，然而他却急不可耐地想要登上王位。年轻的图利亚每一天都在丈夫耳旁念叨，丈夫也越加自负。终于，图利亚按捺不住自己的欲望，逼着丈夫采取行动了：

“你父亲来自伊特鲁里亚，却当上了罗马的国王，如果你没有继承父亲的果敢，那么就滚回去做你的窝囊废吧！你真让你的祖先们蒙羞！”

这一天是罗马的集市，来自邻近乡下的牧民们把广场围了个水泄不通。四面八方的吆喝声此起彼伏，人声鼎沸，大家都希望将自己的牲畜卖个好价钱。此时卢修斯·塔克文出现了，周围簇拥着一队全副武装的士兵。年轻的王子站在元老院的台阶上，示意下面的人暂停交易，他对罗马人说：

“谋权篡位的塞尔维乌斯·图里乌斯已经来到这里很长时间了。他的好战将我们的城市带向毁灭，是时候停止这一切了！”

接下来，卢修斯一屁股坐在国王在元老院中的座位上。此时，塞尔维乌斯·图里乌斯赶来了。

“发生什么事情了，塔克文？”国王一边说一边义愤填膺地看着他，“我还没死，谁允许你坐上我的位置？没有得到我的允许，你竟敢向罗马人民发表讲话？”

“你坐的是我父亲的宝座……是时候把它还给我们的家族了！”卢修斯放肆地回答他。

他边说边动手，一把抓住这个不幸的老者，把他从台阶高处扔了下去。塔克文丝毫不理会因此而受伤、血流如注的国王，继续着他的演说……

现在，罗马人都惧怕这个冷酷无情的人。只有几个国王的随从伸出了援手，他们在返回皇宫的路上被塔克文的打手追上，这些打手得到了命令去完成他们主子布置的任务：毫不留情地杀害塞尔维乌斯·图里乌斯和他忠诚的仆人们。

从此，塔克文成为了罗马的国王。在他妻子的辅佐下，他实施着**专制**统治。私下里，很多罗马人给他起了个绰号——“妄自尊大的塔克文”，意思是说他高傲自负，城里没人敢反对他。

专制：通过滥用职权实施权力。

卡皮托尔山：罗马七丘之一。

塔克文在**卡皮托尔山**上建造了一座神庙，向助他成为罗马国王的朱庇特表

示感谢和敬意。在奠基的时候，工人们挖出一个保存完好的人头。

经过询查，伊特鲁里亚预言家们毫不犹豫地揭示了神的指示：罗马终有一天将成为世界的中心。然而，真正困扰国王的，是另一件怪事。这天一些惊慌失措的工人跑来找他：一条巨蛇从一个木头圆柱里钻出来。塔克文强忍恐惧，来到工地，眼看着那条蛇离开了城里。之后，这个景象一直萦绕在他的脑海里，他觉得这条蛇很眼熟……难道是他们家族的神明离开了罗马？王权将会落入他人手里吗？

塔克文的生活**骄奢淫逸**。

骄奢淫逸：挥霍无度。

他奢华无度，不断举办宴会。国库一旦空虚，他便去抢劫富裕的邻国首都阿尔代亚以充实国库。

城市很快就被罗马士兵包围了，但是阿尔代亚城所在地比预期更难攻克，一场持久战开始了。塔克文的儿子赛克斯图斯和他的表兄科拉蒂努斯在军营里边喝酒解闷边回忆着他们在罗马的生活。一天晚上，他们谈论起了各自的妻子。每个人都在炫耀自己妻子的美德。在酒精的作用下，谈话的火药味越来越浓。科拉蒂努斯说道：

“事实胜于雄辩，我们就骑着马出其不意地赶回家去看看我们的妻子在我们离开的时候究竟在干些什么。我坚信我亲爱的卢克蕾西亚会以贤良淑德略胜一筹。”

于是，两个年轻人快马加鞭地出发了，恰好在日落之前回到了罗马。赛克斯图斯的妻子在皇宫里，她参加宴会并且看起来玩得很开心，她根本不关心丈夫的死活。之后，两个年轻人又来到了科拉蒂努斯的家里。卢克蕾西亚和侍女们待在一起纺羊毛，这个年轻的女人热情地拥抱了她的丈夫并且款待了他的同伴。她的美貌与品德立即激起了赛克斯图斯的欲望，因为他从他的父亲那里继承了容易冲动的性格。

过了几天，他瞒着科拉蒂努斯来到了卢克蕾西亚家里。所有人都驻守在阿尔代亚城墙脚下，他轻而易举地让卢克蕾西亚相信了他是回来执行一项秘密的任务。她毫不怀疑地接待了丈夫的朋友。饭后，仆人带赛克斯图斯来到了他的房间。可他心里只有一个愿望，再见到美丽的卢克蕾西亚。

半夜，她惊恐万分地看着来到自己房间里的他。手持武器的他，眼里只有兽性的光芒，他毫不尊重这个手无寸铁的妇女，强占并抛下泪流满面的她之后离去。

第二天，当她的父亲和科拉蒂努斯回来的时候，卢克蕾西亚无法掩饰自己的绝望。

“发生什么事情了，我亲爱的卢克蕾西亚？”科拉蒂努斯深情地凝望着她咆哮着，“为什么你的头发如此凌乱，是什么事情让你泪水涟涟？”

“一个失去贞洁的女人怎么敢直视她的丈夫？我有着无尽的痛苦：赛克斯图斯·塔克文背叛了你的信任，他昨天夜里来到我的房间里强占了我。我该怎么办？”

父亲和丈夫尝试抚慰年轻女子的痛苦，但是无济于事。她无法承受这样的屈辱：她独处的时候，拿起了一把匕首，绝望地将它插进了胸膛。

看到卢克蕾西亚的尸体时，两个男人都因为痛苦而崩溃了。他们此时只有一个念想：为她报仇！他们抱着这个不幸的女人的尸体来到了广场上。他们的朋友布鲁图表达了所有罗马人的心声：

“你们看看这个可怜的模范贞洁妇女吧！她做了什么丧尽天良的坏事？卑鄙无耻的赛克斯图斯玷污了她，然而，当她倒下的时候，他又瞄准了下一个猎物，也许就是你们当中某一个人的女儿！有其父必有其子，他目无一切，甚至无视神圣的婚姻关系。

“请大家不要忘记高傲的塔克文是如何残杀了我们的国王即他的岳父，他是如何为了一己私利发动连连战争的！儿子强暴我们的女儿，父亲拿我们儿子的性命在危险的战场上冒险。是时候将这个祸国殃民的家族赶出罗马了！”

听闻发生叛乱，塔克文离开了阿尔代亚火速回到罗马。尽管他一再下令，城门始终紧闭。罗马人民欢庆暴政的完结。塔克文被流放出了罗马，罗马不再有国王了。

继**萨宾国王**们的统治之后，三位伊特鲁里亚国王统治了罗马。从古罗马时代开始，伊特鲁里亚人逐渐成为了精通铁器制造的战士，虔诚的人民同时也是海盗。然而他们却享有“柔软的民族”的盛誉，也许是跟他们极其精细的生活艺术有关，正如在大公墓墙上描绘的壁画所展示的那样。

宴会壁画局部

“经过询问，伊特鲁里亚预言家们毫不犹豫地阐释了神的指示：罗马终有一天将成为世界的中心。”

金属工艺

伊特鲁里亚手工艺者利用地下蕴藏的丰富铁矿石来制作铁器。伊特鲁里亚森林里的木材为高炉炼铁厂提供了燃料。人们将炼铁厂建造在易北岛及其对面的滨海地带。从公元前八世纪开始，伊特鲁里亚人掌握了铁器的制造工艺。他们的冶金作坊发展成了一个繁荣的产业，专门成批生产餐具。技艺精湛、有较高审美价值的吐火兽青铜像“阿雷佐的喀迈拉”便是在这一时期铸造而成的。

吐火兽青铜像

伊特鲁里亚绘画

最著名的是用于装饰伊特鲁里亚贵族阶级豪华陵墓墙壁的壁画。这些壁画是伊特鲁里亚贵族精英们舒适的日常生活的体现，是用于表现与死者贵族身份相符合的装潢。这是一个献给死者的地方，壁画中呈现出一种繁忙的生活，主题通常是一些欢乐的场景，例如宴会游戏、竞技、狩猎、捕鱼以及一些幽默的场景。

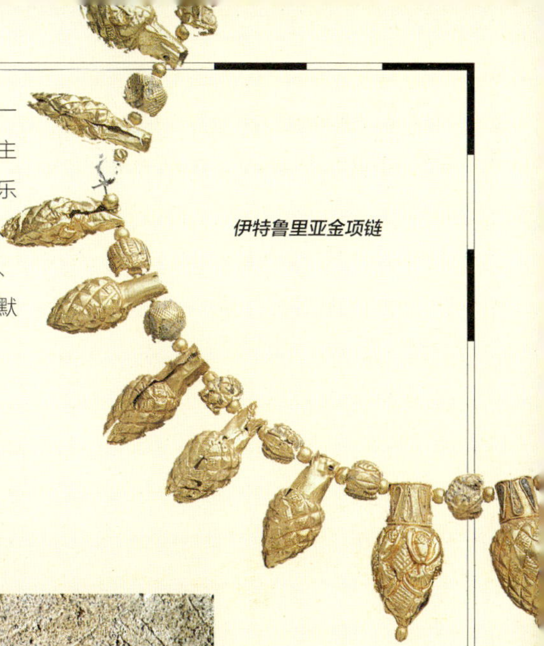

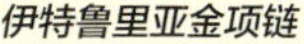

伊特鲁里亚金项链

金银首饰

公元前七世纪之后，伊特鲁里亚的金银匠人在金器的制作手艺上展现出娴熟的技巧。他们不仅精通希腊和东方手工艺者的技艺，还将它们加以了改良、创新。项链、耳环或者是其他配饰都新颖、别致。他们所采用的工艺是成粒技术，即细小的金球（金粒）被融合成金条。伊特鲁里亚上流社会的妇人们喜爱佩戴珠宝，并会将它们一起带进坟墓。

罗马的诞生：神话与历史之间

罗马城的来历同时带有历史和神话色彩。罗马的诗人和历史学家是在罗马建成之后过了六七个世纪才写了几个不同的版本，他们自己也很难分辨哪些来自神话传说，哪些源自历史记载。

维吉尔和《埃涅阿斯记》

用希腊文和拉丁文讲述埃涅阿斯探险故事的作家数不胜数。然而，他们只关注人物的历史。而维吉尔（公元前一世纪）呈现的却完全是一个神话传说的世界。在《埃涅阿斯记》这部由十二卷构成的长篇史诗里，维吉尔以希腊诗歌（行吟诗）的方式讲述了特洛伊人埃涅阿斯的时代。希腊诸神在这部诗里无处不在。朱诺想方设法要毁掉埃涅阿斯，而主人公的母亲维纳斯为了给予他指引和保护却多次相助。《埃涅阿斯记》是第一部有关罗马建城史的神话文本。

《埃涅阿斯记》

这部史诗由特洛伊溃逃开始，继而讲述了埃涅阿斯和他的同伴们在克里特岛、迦太基国、意大利，最后来到冥府的长途漂泊。前六卷讲述的长途旅程让人联想到《奥德赛》里有关尤利西斯的旅途，他在特洛伊陷落之后返回了伊萨卡岛。《埃涅阿斯记》的第二部分，描写了《伊利亚特》中特洛伊城墙脚下惨烈的战争场面。

维吉尔（公元前70–19年）文艺复兴时期绘画

普鲁塔克，德尼斯·达理噶尔纳斯和蒂图·李维

历史学家们重拾了罗马建城史以及早期的国王时代的有关记叙。他们让读者注意到那些一直围绕着主要角色的神话故事，但是首先他们力图重塑事实。

希腊历史学家普鲁塔克（公元一世纪）在罗马待过很长一段时间。

在他的《平行人生》里，他将希腊历史上有名的大人物与罗马历史上的大人物结合在了一起。他的《罗穆卢斯的一生》无疑是关于罗马第一位国王的异常丰富的信息源泉，他将其与雅典富有传奇色彩的国王提修斯进行了对比。萨宾国王努马的统治也因为其著作《努马·庞皮利乌斯的一生》而变得赫赫有名。在罗马生活了将近三十年的希腊历史学家德尼斯·达理噶尔纳斯（公元前一世纪）用希腊语将罗马悠久的历史分为二十本书来描写——《罗马古代史》。他在这部著作中引用了很多前辈作家的记叙，遗憾的是，他们的作品今天都已经失传了。

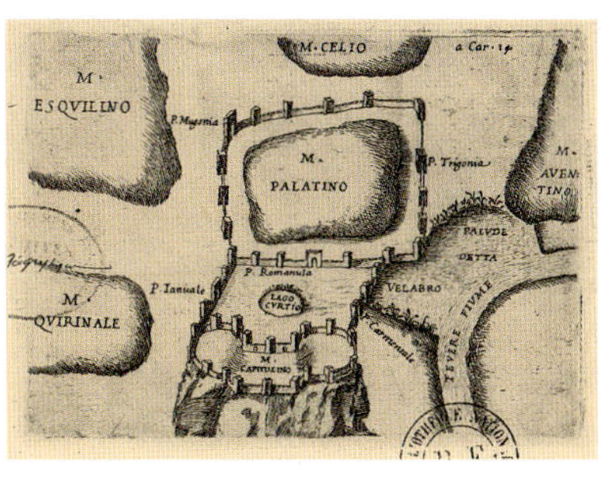

罗穆卢斯建立的罗马，十七世纪雕刻

和维吉尔同时代的蒂图·李维用拉丁文创作了一百四十二本不朽巨著《罗马史》。著作的绝大部分已经失传，但是有关城市和王国起源的书基本上全部得以流传至今。与《埃涅阿斯记》一样，《罗马史》成书于奥古斯丁大帝时代，那是一个罗马统治整个地中海沿岸的时代。蒂图·李维在其著作中展示了罗马人民无法避免的升天。更早期的作家例如瓦勒利乌斯·安提亚斯、法比乌斯·皮克托或者卡艾利乌斯·安提帕特，他们的叙述都没有能够得以流传，蒂图·李维在修改他们作品的基础上，向读者传递了大量有关罗马建立的信息。贺拉斯兄弟和库利亚斯兄弟之间的格斗，卢克蕾西亚被侵犯等如此之多的场景就是由这样一个对勇气和美德异常敏锐的作家所呈现的。

罗马的特洛伊血统

罗马人民的血统并不总是那么耀眼辉煌。但是在《埃涅阿斯记》中，沿用古老说法的维吉尔将罗马的其中一个缔造者埃涅阿斯描绘成了女神维纳斯的儿子，由此让罗马人有理由为自己的出身感到自豪。在拉丁文化中，《埃涅阿斯记》成为了最伟大的史诗，与《荷马史诗》有同样举足轻重的地位。对于大部分学生来说，《埃涅阿斯记》是一本学习过程中无法绕过的书籍。

图片来源

5 银制奠酒器，用金子加以增高
公元前七世纪
尼玛达拉 / 阿尔特弗

18 地中海盆地地图
插图：德斯普兰什；伽利马出版社青年读物
左：色列斯女神，阿利坎特，伊比利亚艺术，公元前四世纪
奥尔诺斯 / 阿尔托夫；
右：夫妻合葬石棺，陶土，伊特鲁里亚艺术，巴黎卢浮宫藏品
下：奥尔比亚，芳塔纳·诺阿大公募，项链配饰，布匿艺术，公元前四世纪·前后，卡利里亚，国家考古博物馆藏品
伽利马

19 左：雅典古卫城
沃泰克·布什 / 华奇
下：斯芬克斯像和奇阿普斯法老金字塔
塞尔凡·格兰达丹 / 华奇

32 左：克罗地亚，杜布罗夫尼克海岸
雅克·克雷贝尔 / 狄亚福
右：海神涅普顿的胜利，古罗马镶嵌画，公元二世纪，突尼斯巴尔多国家博物馆藏品，吉尔·麦尔迈 / AKG

33 上：海战
伊特鲁里亚双耳爵局部，约公元前650年，罗马卡皮托利博物馆藏品，达格力·奥蒂
左：双耳尖底酒瓮
阿尔本卡海军博物馆藏品，斯卡拉；
右：海上渔夫，古罗马镶嵌画，公元前三世纪，突尼斯巴尔多国家博物馆藏品，吉尔·麦尔迈 / AKG

44 上：潜水员坟墓，伊特鲁里亚壁画，帕埃斯图姆国家博物馆藏品
尼玛达拉 / 阿尔特弗；
下：盛放女性尸体内脏的瓦罐，陶土烧制的墓地，
伊特鲁里亚艺术，巴黎卢浮宫藏品；
右：卡尔克斯正在研究一只动物的内脏，以期从中得到神的启示，镜子的背面刻着一个被称为乌尔奇的肠卜僧，青铜器，公元前四世纪，梵蒂冈博物馆藏品，斯卡拉；

45 右：伊特鲁里亚石棺，公元前二世纪末，巴黎卢浮宫藏品

56 左：罗马，广场全景
迪波尔·博格纳尔 / SDP
下：罗马，圣女宫中庭
艾瑞克·罗波 / 华奇
右：马尔斯青铜像，公元前五世纪，佛罗伦萨考古博物馆
吉若东

57 左上：朱庇特，伊特鲁里亚艺术，罗马朱利亚别墅博物馆藏品，斯卡拉摄影
右上：朱庇特和朱诺，波尔塔·马吉奥大教堂
斯卡拉 摄影
下：墨丘利，伊特鲁里亚艺术，公元前500年，罗马朱利亚别墅博物馆藏品，吉若东

68 左：托斯卡纳，近沃尔泰拉
帕特里克·苏穆雷 / 狄亚福
上：阿雷佐地区的农耕者
公元前六世纪，青铜雕像，罗马朱利亚别墅博物馆藏品，吉若东
右：罗马，母狼雕像
公元前五世纪初，罗马卡皮托利博物馆藏品，达格力·奥蒂

69 上：演奏长笛的牧羊人，镶嵌画，公元前一世纪，科林斯博物馆藏品
达格力·奥蒂

78 上：农耕场景，浮雕“原始基槽”
公元前一世纪，阿奎莱亚考古博物馆藏品
中：罗马，塞尔维乌斯·图里乌斯墙
斯卡拉
下：骨灰瓮，公元前七世纪
罗马文化博物馆藏品，罗马

达格力·奥蒂

79 中：罗马地图
插图：德斯普兰什；伽利马出版社青年读物

90 上：面具，陶土，伊特鲁里亚艺术，罗马朱利亚别墅博物馆藏品，达格力·奥蒂
中：骑兵赛马，伊特鲁里亚艺术，锡耶纳市政皇宫博物馆，尼玛达拉 / 阿尔特弗
下：宴会场景，豹之墓，塔吉尼亚公墓
阿尔特弗 /A·赫尔德

91 左：演奏双笛的音乐家，豹之墓，塔吉尼亚公墓
壁画，约公元前 490 年，吉若东；
右：舞蹈和角斗场景，壁画，戴尔·柯莱公墓
崔西 / 斯卡拉

102 左：日落之影，伊特鲁里亚卡拉雷兹博物馆藏品，沃尔泰拉 斯卡拉
上：赛格斯特城，希腊神庙，B·莫朗迪 / 华奇
右：意大利头盔，青铜制，公元前四世纪，那不勒斯考古博物馆，达格力·奥蒂

103 上：闪米特战士，壁画，那不勒斯国家博物馆，伽利马 / 伽利马照片档案馆
下：闪米特战士，青铜制
公元前五世纪，巴黎卢浮宫藏品
右下：凯尔特项链和盔顶饰圈，银制，公元前三世纪，布雷西亚考古博物馆藏品，达格力·奥蒂

114 左：女战士石棺，局部，约公元前 370 年，佛罗伦萨考古博物馆，吉若东
右上：伊特鲁里亚盔形防护帽，罗马朱利亚别墅博物馆藏品，斯卡拉
右下：战士，青铜制，公元前六世纪，巴黎卢浮宫藏品

115 左下：盾牌，伊特鲁里亚艺术，弗利考古博物馆，尼玛达拉 / 阿尔特弗
右上：战士，花瓶局部，麦克米伦绘画，陶瓷器，公元前 640 年，罗马朱利亚别墅博物馆藏品，尼玛达拉 / 阿尔特弗
右下：马尔斯，青铜制，公元前 380 年，梵蒂冈博物馆，阿里纳日 - 吉若东

126 右上：拉特·维尔莎的宴会，塔吉尼亚公墓
A·赫尔德 / 阿尔特弗
左下：阿雷佐吐火兽，青铜制，公元前五世纪，佛罗伦萨考古博物馆藏品，达格力·奥蒂

127 左下：妇女头部，食人妖魔之墓，塔吉尼亚，公元前四世纪末，吉若东
右上：塔吉尼亚项链，公元前四世纪，罗马朱利亚别墅博物馆藏品，尼玛达拉 / 阿尔特弗

128 西诺雷利绘制的《维吉尔》，圣布里吉奥圣母小教堂，若热 - 维奥莱

129 罗穆卢斯建立的罗马，十七世纪雕刻，国家图书馆